第八册

中华传统文化
走进齐文化

《中华传统文化——走进齐文化》编委会 编

中国社会科学出版社

图书在版编目(CIP)数据

中华传统文化:走进齐文化:全十二册/《中华传统文化——走进齐文化》编委会编. —北京：中国社会科学出版社，2023.6（2023.11重印）
ISBN 978 - 7 - 5227 - 2077 - 7

Ⅰ.①中… Ⅱ.①中… Ⅲ.①齐文化—青少年读物 Ⅳ.①K871.3 - 49

中国国家版本馆 CIP 数据核字(2023)第 105321 号

出 版 人	赵剑英
责任编辑	孙婷筠
责任校对	牛　玺
责任印制	戴　宽

出　　版	中国社会科学出版社
社　　址	北京鼓楼西大街甲 158 号
邮　　编	100720
网　　址	http://www.csspw.cn
发 行 部	010 - 84083685
门 市 部	010 - 84029450
经　　销	新华书店及其他书店

印刷装订	北京君升印刷有限公司
版　　次	2023 年 6 月第 1 版
印　　次	2023 年 11 月第 2 次印刷

开　　本	710×1000　1/16
印　　张	95
字　　数	1505 千字
定　　价	163.00 元（全十二册）

凡购买中国社会科学出版社图书，如有质量问题请与本社营销中心联系调换
电话：010 - 84083683
版权所有　侵权必究

《中华传统文化——走进齐文化》编纂委员会

主　　任：崔国华

副 主 任：张锡华　王先伟　刘建伟　段玉强　王　鹏　冷建敏
　　　　　刘　琳　罗海蛟

名誉主任：张成刚　刘学军　宋爱国

委　　员：（以姓氏笔画为序）

王　宏　王　凯　许之学　许跃刚　孙正军　孙林涛　孙镜峰
李安亮　李新彦　李德乾　张建仁　张振斌　韩相永　路　栋

《中华传统文化——走进齐文化》编审人员

主　　编：徐广福　李德刚

副 主 编：王　鹏　朱奉强　许跃刚　李新彦　吴同德　于建磊
　　　　　闫永洁

编写人员：（以姓氏笔画为序）

于孝连　王会芳　张爱玲　赵文辉　高科江　袁训海
王桂刚　王景涛　边心国　齐玉芝　李东梅

《中华传统文化——走进齐文化》本册编委

本册主编：苗金霞

副 主 编：王桂刚

编　 者：于　玲　孙立进　王晓静　杨秀雯
　　　　　石田田　褚美娟　姚红杰　徐卉美
　　　　　霍　富

美术编辑：李家俊　李艳萍

前　言

齐文化是中华民族传统文化的重要组成部分，它所具有的鲜明的开放、包容、务实、创新的文化精神，不仅在我国古代社会产生过重大影响，而且已经穿越时空，历久弥新，对今人依然有许多启迪和借鉴意义。

《中华传统文化——走进齐文化》编写委员会以教育部《完善中华优秀传统文化教育指导纲要》为指针，从传统文化与时代精神的结合上把握齐文化的特点，遵循青少年身心发展规律和教育规律，面向中小学生，一体化设计本书的编写内容与编写体例，使本书由浅入深，由分到总，由具象到抽象，由感性到理性，点面结合，纵向延伸，呈现出层级性、有序性、衔接性和系统性。

本书编写以"亲近齐文化—感知齐文化—理解齐文化—探究齐文化"为总体编写思路。

小学低年级（一至二年级），以滋养学生对齐文化的亲近感为侧重点，开展启蒙教育，培育热爱齐文化的情感。

小学高年级（三至五年级），以提高学生对齐文化的感知力为侧重点，开展认知教育，使学生了解齐文化的丰富多彩。

初中阶段，以增强学生对齐文化的理解力为侧重点，开展通识教育，使学生了解齐国历史的重要史实和发展的基本线索，以及齐地风俗，赏析齐国的文学艺术和经典名著选段，提高对齐文化的认同度。

高中阶段，以提升学生对齐文化的理性认识为侧重点，开展探究教育，引导学生认识齐文化形成与发展的悠久历史过程，领悟齐人创造的物质文化、制度文化和精神文化，探究齐文化的重要学说，发掘齐文化的历史价值和现实意义，弘扬和光大齐文化。

基于上述编写的指导思想与编写思路，本书在编写过程中与时俱进，注重齐文化教育与践行社会主义核心价值观相结合，齐文化教育与时代精神相结合，课堂学习与实践教育相结合，学校教育、家庭教育与社会教育相结合。

正如经济领域有第一产业、第二产业、第三产业一样，教育领域也有第一课堂、第二课堂、第三课堂。本书的编写意在为中小学生的第三课堂提供一套系统化的齐文化"课程"。从小学一年级到高中三年级共计十二册，学生经过十二年的序列化学习，逐步深入了解齐文化、继承齐文化，并创新性地发展齐文化。青少年学生通过亲近、感知、理解、探究齐文化，以此弘扬爱国主义精神，培养家国情怀，提升文化自信力，为实现中华民族伟大复兴的中国梦奋然前行。

《中华传统文化——走进齐文化》编委会

2023年2月

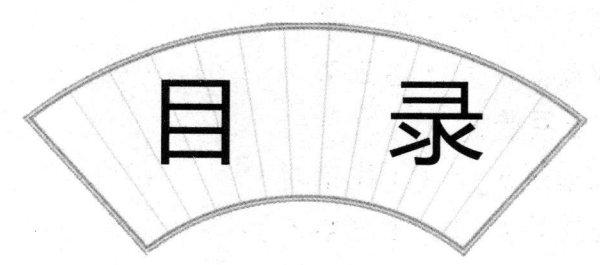

目　录

第一单元　齐国史话
第1课　姜齐绝祀 …………………………………… 2
第2课　田氏代齐 …………………………………… 5
第3课　战国称雄 …………………………………… 8
第4课　齐秦称帝 …………………………………… 11

第二单元　齐风韶韵
第5课　齐地神话（嫦娥奔月）…………………… 16
第6课　古诗二首 …………………………………… 19
第7课　音乐理论《孟子的音乐理论》…………… 22
第8课　艺海拾贝《余音绕梁》…………………… 25

第三单元　《管子·兵学》
第9课　七法（节选）……………………………… 29
第10课　轻重甲（节选）…………………………… 32
第11课　参患（节选）……………………………… 36
第12课　霸言（节选）……………………………… 39
活动探究　我心目中的管子 ……………………… 43

第四单元　《晏子春秋》
第13课　《晏子春秋·卷三第十三》（节选）…… 47
第14课　《晏子春秋·卷四第十九》（节选）…… 50

第15课　《晏子春秋·卷四第二》……………………………………54
第16课　《晏子春秋·卷三第二十九》………………………………58

第五单元　《孙子兵法》
第17课　《地形》节选（战争观）……………………………………62
第18课　《谋攻》节选（战略论）……………………………………65
第19课　《计》节选（战术论）………………………………………68
第20课　《虚实》节选（战术论）……………………………………71

第六单元　稷下论坛
第21课　尹文子·大道上（节选）……………………………………75
第22课　尹文子·大道下（节选）……………………………………78
第23课　宋子辑"故夫知效一官"（节选）…………………………82
第24课　宋子辑"不知壹天下"（节选）……………………………86

第七单元　齐国史传散文
第25课　史记·齐太公世家（节选）…………………………………90
第26课　左传·鞌之战（节选）………………………………………93
第27课　国语·齐语（节选）…………………………………………97
第28课　战国策·齐策（节选）………………………………………100

第八单元　齐国风俗
第29课　敬老孝义………………………………………………………104
第30课　尊重妇女………………………………………………………108
活动探究　走进齐都文化城……………………………………………112

附录表
附1　周代齐国年表……………………………………………………116
附2　周代齐国历史大事记……………………………………………119

第一单元 齐国史话

齐国是周朝诸侯国之一，先为姜姓，首封之君是姜太公。齐者，脐也。若以鲁为首，燕为足，则首足中间是为脐（齐），这是齐国国名的由来。国都在临淄（今山东省临淄区），分为姜齐和田齐。同学们，你们想更多地了解齐国的由来吗？让我们一起走进"齐国史话"去探寻齐国的奥秘！

中华传统文化

第 1 课　姜齐绝祀

齐康公，本名姜贷。在位时淫于酒色，敬仲的后代田和为相。周安王十一年（前 386 年），齐康公被田和放逐于临海的海岛上，那么齐康公死后，历史又是怎样发展的呢？

经典诵读

　　西周初年，姜太公建立了姜氏齐国，定都临淄，共经历了 29 个君主，历时近 700 年。

田氏夺权

　　公元前 672 年，陈国发生了一起争夺王位的斗争，陈国的公子陈完在陈国无法安身，于是逃难来到了齐国。齐桓公让他做了掌管手工业的工正（官名），并赐给他一些田地。陈完为了感谢齐桓公的恩赐，改陈姓为田姓。田完是田氏家族在齐国的始祖。

　　田完的曾孙田须无，与名相晏婴同朝为官，并且是同道知己，是田氏家族振兴承前启后的关键人物。他的儿子田无宇更是齐庄公的宠臣、

齐景公的重臣。而且田无宇与他的儿子田乞都曾凭借自己的经济实力修德于己、施惠于民。他们向百姓征收赋税时用小斗收进，赐给百姓粮食时用大斗量出，形成了百姓归附田氏的局面。

在姜氏失民心而衰微、田氏得民心而兴旺的形势下，田氏向姜氏进行的夺权斗争复杂而漫长，几经反复，历时六代140多年。关键性的政变夺权斗争有：公元前532年，田无宇联络鲍氏，挟制景公，掀起了一场驱逐栾、高氏的政变，既打败了政敌，又笼络了人心。齐景公死后，田乞再次驱逐高氏、国氏。公元前488年田乞杀晏孺子，迎立齐景公的另一个儿子阳生为悼公，田乞为相，迈出了向姜氏夺权的关键性一步。三年后田乞又杀悼公立简公。公元前481年，田乞的儿子田常又杀简公立平公，独揽大权。

姜齐绝祀

公元前405年，齐宣公去世，姜贷即位为齐康公。齐康公沉溺酒色，不理朝政。公元前391年，田和把他迁到海滨，只给一座城做食邑。公元前387年，田和求魏文侯代他转告周天子，请列为诸侯，周天子准许。公元前386年，田和正式成为齐侯，列名于周朝王室。公元前379年，齐康公死，姜齐绝祀，姜氏齐国的历史就此结束。

田乞立齐悼公

齐景公去世后，国惠子和高昭子立姜荼为国君，这就是晏孺子。景公的另一个儿子阳生平时和田乞关系很好。晏孺子即位后，阳生逃奔鲁国。田乞假装拥护高、国二相和晏孺子，在取得众大夫支持后，领兵进入宫廷，打败了高、国二相和国君的军队。田乞派人到鲁国迎回阳生，藏在自己家中。田乞邀请大夫们说："田常的母亲有祭祀后留下的酒食，请各位赏光来聚会饮酒。"大夫们都来田乞家饮酒。田乞把阳生装在口袋里，放在中央的座位上，饮宴中，田乞打开口袋，放出阳生，说："这才是齐国的国君呀。"大夫们都俯身拜见。这就是悼公。悼公即位后，田乞任相，独揽齐国政权。以后，田氏便世代为齐国之相。田家在齐国，不是王室，胜似王室，齐国的政权基本掌握在田家手中，田乞的儿子田常重新使用他祖先使用过的措施，用大斗把粮食借出，用小斗收回。齐国人唱歌颂扬他说："老太太采芑（qí）菜呀，送给田成子！"

田氏的远房同族田豹侍奉田氏的政敌子我很受宠。子我对田豹说："我想把田氏的直系子孙都杀光，让你来接续田氏宗族。"田豹却对田常说："子我要诛灭田氏，如果你不先下手，灾祸就要来了。"田常领兵乘车进宫想杀子我。齐简公欲攻打田常。太史子余说："田常不敢作乱，他是要为国除害。"结果田氏的部下打败并追杀了子我和简公。田常让简公的弟弟即位，这就是平公。

田常为相期间，对外与各国诸侯订约、通使，安定齐国外部环境；对内全部诛杀了公族中较强盛的腐朽保守势力，使自己的封地面积超过了齐平公。

 **拓展活动**

1. 利用网络搜集关于姜齐衰落的有关资料，出一期"姜齐是如何衰落的"黑板报。
2. 你认为姜齐绝祀的原因主要有哪些？请结合当今社会谈谈你的认识。

【参考文献】
《齐文化地方教材》　　姜健

走进齐文化 八

第2课 田氏代齐

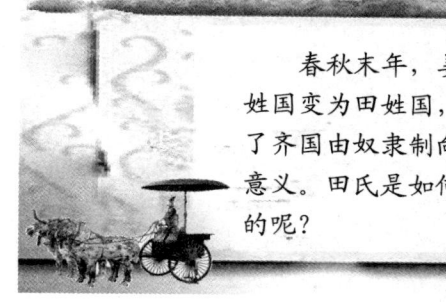

春秋末年,姜氏政权被田氏所取代,齐国由姜姓国变为田姓国,史称田氏代齐。田氏代齐,完成了齐国由奴隶制向封建制的转变,具有深刻的历史意义。田氏是如何经过长期而复杂的斗争取代姜齐的呢?

 经典诵读

春秋末年,从陈国来的田氏取代姜氏自立为君,"田氏代齐",未改齐国姜姓,可谓宗庙不改,政权未变,只是改变了国君的姓氏。

田氏由来

公元前672年,陈国发生了一起争夺王位的斗争,陈国的公子陈完在陈国无法安身,于是逃难来到了齐国。齐桓公让他做了掌管手工业的工正(官名),并赐给他一些田地。陈完为了感谢齐桓公的恩赐,改陈姓为田姓。田完是田氏家族在齐国的始祖。

家族振兴

田完的曾孙田须无,与名相晏婴同朝为官,并且是同道知己,是田氏家族振兴承前启后的关键人物。他的儿子田无宇更是齐庄公的宠臣、齐景公的重臣。而且田无宇与他的儿子田乞都曾凭借自己的经济实力修德于己、施惠于民。他们向百姓征收赋税时用小斗收进,赐给百姓粮食时用大斗量出,形成了百姓归附田氏的局面。

中华传统文化

政变夺权

在姜氏失民心而衰微、田氏得民心而兴旺的形势下,田氏向姜氏进行的夺权斗争复杂而漫长,几经反复,历时六代140多年。关键性的政变夺权斗争有:公元前532年,田无宇联络鲍氏,挟制景公,掀起了一场驱逐栾、高氏的政变,既打败了政敌,又笼络了人心。齐景公死后,田乞再次驱逐高氏、国氏。公元前488年田乞杀晏孺子,迎立齐景公的另一个儿子阳生为悼公,田乞为相,迈出了向姜氏夺权的关键性一步。三年后田乞又杀悼公立简公。公元前481年,田乞的儿子田常又杀简公立平公,独揽大权。以后齐国的实权实际上一直掌握在田氏手中。

田氏代齐

田常的儿子田盘相齐宣公时,正值韩、赵、魏"三国分晋"事件发生。田盘及时与新诞生的韩、赵、魏三国建立了友好的外交关系,田氏几乎拥有了齐国。公元前391年,田和废齐康公,自立为齐君。公元前386年,周天子准许田和以齐侯的身份列名于周王室。至此,齐国的姜氏政权完全被田氏所取代。

 知识链接

陈完奔齐

陈宣公二十一年(公元前672年),陈国发生内讧,太子御寇被杀死。陈完和御寇一直很要好,恐怕灾祸牵连到自己,便出逃到齐国。陈完逃到齐国的时候,正值齐桓公开创霸业的用人之时,齐桓公想要任他为卿,陈完婉言推辞说:"我这个寄居在外的小臣有幸能够免除种种灾难,已经是您给我的恩惠了,怎敢再担当这么高的职位,无端招致官员的指责呢?"齐桓公就让他但任管理百工的工正。

陈完在齐国期间讲仁守义,办事得体,表现出很高的道德修养。有一次,陈完在白天招待齐桓公饮酒,正喝到兴头

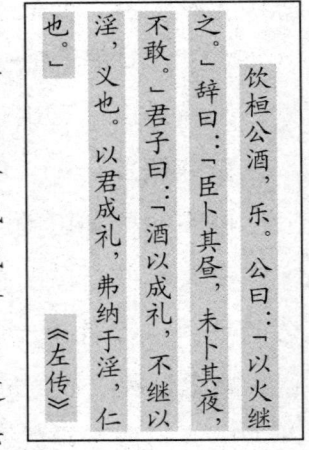

饮桓公酒,乐。公曰:"以火继之。"辞曰:"臣卜其昼,未卜其夜,不敢。"君子曰:"酒以成礼,不继以淫,义也。以君成礼,弗纳于淫,仁也。"

《左传》

上，天黑了。齐桓公说："点上灯继续喝！"这时陈完很恭敬地站起来说："臣只知道白天侍奉君主饮酒，不知道晚上陪饮，实在不敢奉命。"后人评价陈完的这种做法时说："用酒来完成礼仪，不能无限度地继续下去，这就是义；陪君主饮酒完成礼仪后便不再使君主过量过度，这就是仁。"陈完在任工正期，齐国达到了"工盖天下""器盖天下"的争霸目标。他凭自己的德行和政绩稳定了在齐国的地位。

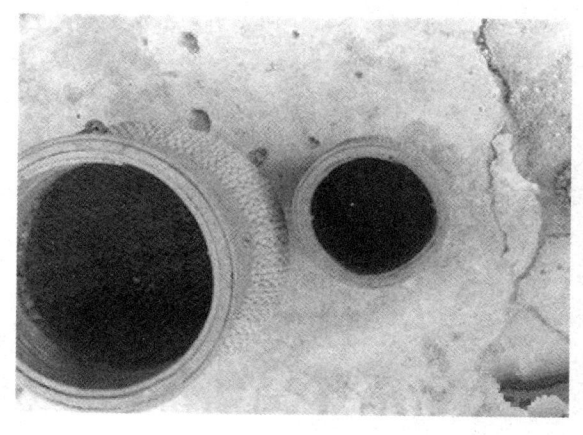

田完娶了大夫齐懿仲的女儿为妻，人丁兴旺。田完死后，谥号敬仲，故又称田敬仲。其子孙世袭工正之职，家业殷荣。

田无宇"小斗进、大斗出"

齐相晏婴在谈到齐国政治形势时曾说："齐国姜氏到了末世了，齐国很有可能属于陈氏。原因是国君不爱护他的百姓，听任他们归附陈氏。陈家在借给百姓粮食时用自制的大量器，而用公家的小量器收回。陈家在市场上卖的木料，价格不高于山上；在市场上卖的鱼盐，价格不高于海边。而国君却强征百姓收获的三分之二。自己的积蓄腐朽生虫了，也不管饥饿生病的百姓，只知道滥用太繁太重的刑罚。在百姓饥寒交迫之时，得到的是陈家的赏赐。陈家爱百姓如父母，百姓归附他自然如同流水一样，想躲开百姓的拥护也躲不开。"

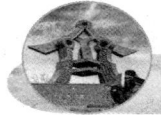 拓展活动

"得民心者得天下，失民心者失天下"被称为颠扑不破的真理，你认为对吗？请你再找一个这样的历史故事，进一步证明这一至理名言的正确性。

中华传统文化

第 3 课　战国称雄

有个齐王，成天只知道喝酒听音乐。淳于髡向他进谏："有一只大鸟，栖息在大王的宫廷里，三年不飞也不鸣。你知道为什么吗？"齐王意识到淳于髡是在用大鸟做比喻说他毫无作为。回答："此鸟不飞则已，一飞冲天；不鸣则已，一鸣惊人。"

 经典诵读

公元前 356 年，田因齐即位，为齐威王。他励精图治，在政治、经济、军事、外交等领域进行全方位的整顿和改革，使齐国国富兵强，成就了一代王业，成为战国七雄之冠。

悬赏纳谏

齐威王在相国邹忌的劝说下，广开言路，悬赏纳谏，成为战国时期的一代明主。除淳于髡外，他还接受了平民琴师邹忌的进谏。邹忌借讲琴理谈治国方法，指出了上下一致，国家才会昌盛的道理，还劝威王不要再沉溺于酒色歌舞，要广招人才，发展生产，操练兵马。齐威王幡然悔悟，拜邹忌为相。

整顿吏治

齐威王经过调查，召集七十二名地方官到朝廷，用烹刑诛杀了没有政绩、只知贿赂收买朝廷官员求得赞誉的阿大夫以及接受贿赂的官吏，又奖

励给虽在朝廷内倍受毁谤却政绩优秀的即墨大夫一万户的封邑。齐威王逐步建立起了赏罚严明的法律。从那以后，齐国的大臣都认真办事，诚实做人，再也不敢文过饰非。齐国得到治理，国势渐趋强盛。

强化军事

齐威王重视军事理论的建树，将古《司马兵法》与司马穰苴兵法合二为一，修建成《司马穰苴兵法》；重视军事人才的任用，任田忌、孙膑为将领，加强军事训练，使齐国军队成为列国中的一支劲旅。

选贤任能

齐威王继承自姜太公以来形成的尊重人才的传统，第一个把人才提到国宝的高度，不拘一格地选拔任用贤才。

公元前333年，齐威王在与魏惠王"比宝"的谈话中，把大臣檀子、田肸、黔夫、种首比作"国宝"。他一方面选宗室中有作为的人为官，如田忌做将军；另一方面又选拔大批门第寒微的人士委以重任，比如出身赘婿、受过髡刑且相貌丑陋的淳于髡，平民出身的邹忌、残疾人孙膑等。

公元前320年，齐威王与世长辞。今临淄区齐陵街道境内的牛山东麓有四座巍峨高大的古墓，依山而立，一基四巅，东西并列，绵延相连，其中之一就埋葬着这位知错能改、雄才大略的一代明君。

 **知识链接**

一鸣惊人

齐威王刚当国君的时候，他将国家交给几个卿大夫治理，自己只知道喝酒、听音乐，变着法子玩耍，朝廷中的大事一概不闻不问。虽然韩、赵、魏等国都来攻打过齐国，可齐威王照样吃喝玩乐，不把国事放在心上。

当时，齐国有个稷下先生，名叫淳于髡。他

中华传统文化

看到齐威王通夜喝酒不理政事，政治紊乱，国势危急，但又怕得罪君主，于是便用隐语进谏。他对齐威王说："我们国家有一只大鸟，栖在大王的宫廷里，三年不飞也不鸣。大王，你知道是什么道理吗？"齐威王立刻意识到淳于髡是在用大鸟比喻自己，说他呆在宫廷里，毫无作为。于是回答说："此鸟不飞则已，一飞冲天，不鸣则已，一鸣惊人。"后来，威王请邹忌做相国，并采取了一系列措施，齐国逐渐强大起来。

门庭若市

徐公是齐国出名的美男子，但邹忌向他的妻子、爱妾和客人问自己与徐公谁美时，都说他比徐公漂亮，邹忌从中悟出了一个深刻的道理。于是，他对齐威王说："我本来不如徐公漂亮，但妻、妾、客人都说我比他漂亮，这是因为妻偏护我，妾畏惧我，客人有事求我，所以他们都恭维我，不说真话。而我们齐国地方这么大，宫中上下，谁不偏护你，满朝文武，谁不畏惧你，全国百姓谁不希望得到你的关怀，看来恭维你的人一定更多，你一定被蒙蔽得非常严重了！大王如能开诚布公地征求意见，一定对国家有益。"齐威王听了，觉得很有道理，立刻下令说："无论是谁，能当面指出我过失的，给上赏；上奏章规劝我的，给中赏；在朝廷或街市中议论我的过失，并传到我耳中的，给下赏！"命令一下，群臣前去进谏的，一时川流不息，朝廷门口每天像市场一样热闹。数日之后，进谏者一天天减少了。一年之后，由于齐国政治得到彻底改善，燕、赵、韩、卫等国家听说齐威王悬赏纳谏的事情后，都纷纷到齐国进行朝拜，愿与齐国结成同盟。

拓展活动

1. 比一比，赛一赛

举行讲成语故事比赛，讲"一鸣惊人""田忌赛马""增兵减灶""围魏救赵"等齐威王时期的成语故事。

2. 齐王纳谏成为历史上的美谈，请思考"纳谏"对当时齐国的强盛有什么意义？

【参考资料】《齐文化简史》

走进齐文化 八

第4课 齐秦称帝

公元前301年，齐宣王去世，他的儿子田地继承王位，是为齐湣王。齐湣王前期，励精图治，使齐国继续保持了东方强国的地位。齐湣王即位后，接连攻伐楚国、秦国、燕国，取得了胜利，显示了齐国强国的威力。那么齐秦称帝又是怎么回事呢？

经典诵读

抗秦击楚

齐宣王时期，齐、秦东西对峙，势均力敌。为了遏制秦国的扩张，齐国联合其他诸侯合纵抗秦。公元前319年，魏国的公孙衍主张合纵抗秦，齐宣王带头支持公孙衍，并支持他做了魏相。公元前318年，齐、楚、燕、韩、赵、魏六国合纵抗秦。由于魏相公孙衍推举楚怀王为合纵长，引起齐宣王的不满，齐国没有出兵。结果五国联军被秦战败，六国合纵也随之瓦解。

公元前314年，燕国大乱。齐宣王趁机命令匡章率领五都之兵，并依靠齐国北部的兵民大举讨伐燕国。燕兵不做抵抗，齐军长驱直入，仅仅用了50天就占领了燕国。燕国百姓原先认为，齐国为燕国平息内乱是为了拯救燕民于水火之中，都拿水送饭欢迎齐军。然而，燕乱平息之后，齐军迟迟不走，燕国百姓便纷纷起来强烈反对。对此，齐军实行残酷政策，杀戮燕国人民，进一步激化了燕齐矛盾。与此同时，各诸侯国也不满齐国对燕的长期占领，准备救燕。公元前312年，齐军被迫撤离燕国。

由于秦国带头反对齐国吞并燕国，使齐宣王对秦国十分愤恨。楚怀王为了抗衡秦国，打算与齐国联合起来共同对付秦国。于是齐楚联盟应时而生。这样，就形成了秦、韩、魏三国联盟与齐、楚两国联盟两大集团的对立。齐楚联盟建立后，齐宣王为报濮水之仇，联合宋国进攻魏国的煮枣（今山东东明南），又帮助楚军进攻秦军，攻取曲沃，一时声威大振。

曲沃失利，使秦认识到必须拆散齐楚联盟。秦派张仪出使楚国，对楚怀王许愿，如果楚国与齐国绝交，秦国把商於（今河南淅川一带）六百里的土地献给楚国。楚怀王利欲熏心，与齐断交，并派使者跟随张仪到秦国去接受商於之地。张仪回到秦国，绝口不提割地之事。楚怀王又派一勇士到齐国大骂齐宣王。楚怀王的背信弃义激怒了齐宣王。这时，秦却派出使者来齐，与齐联合。于是齐、秦联合进攻楚国，大败楚军于杜陵（今陕西长安东南）。楚怀王催促使者追问张仪。张仪拒不认帐六百里，而诈成割地六里。楚怀王大怒，举兵伐秦，结果战死将士八万，失去汉中之地。楚怀王恼羞成怒，倾全国之兵，与秦国决一死战，两军在蓝田（今陕西蓝田）相遇，楚又大败，只好割两城与秦讲和。

秦国为了破坏合纵，孤立齐国，用财色贿赂楚怀王，楚国再一次背叛齐国，与秦国结盟。齐宣王大怒，公元前303年，联合韩、魏攻打楚国。因秦国出兵救楚，三国无功而返。

湣王失国

公元前301年，齐宣王去世，他的儿子田地继承王位，称为齐湣王，在位十七年（公元前301年至公元前284年）。齐湣王前期，励精图治，使齐国继续保持了东方强国的地位，使秦国多年"不敢窥兵于山东"。

齐湣王即位后，接连攻伐楚国、秦国、燕国，取得了胜利，显示了齐国强国的威力。公元前 288 年，齐军第一次攻打宋国，结果迫使宋国割淮北地与齐国讲和。次年，在五国合纵攻秦时，齐国分兵攻打了宋国的平陵。公元前 286 年，趁着宋国发生内乱，齐国又发动了第三次攻宋并争取到了秦、赵国的支持，终于成功地吞并了宋国。齐湣王称帝及灭宋，齐国的政治和军事实力达到了顶峰。湣王意欲吞并二周，成为天子。

齐国灭掉宋国以后，秦昭王、燕昭王积极联合各诸侯国合纵攻齐。齐湣王一意孤行、不听谏言。稷下先生们因为屡谏不听，纷纷逃离齐国，这就招致了人民的怨恨，使得自己众叛亲离。

齐秦称帝

公元前 288 年，秦昭王与齐湣王共同称帝，秦昭王为西帝，而齐湣王为东帝。后来，齐湣王接受了苏秦的建议，同意放弃帝号。公元前 287 年，齐、赵、燕、韩、魏五国联军发动了对秦国的进攻，迫使秦昭王废除了帝号，并且割地求和。

 **知识链接**

鸡鸣狗盗

公元前 299 年，齐湣王派孟尝君到了秦国。秦昭王立即让孟尝君担任秦国国相。后来有人进谗言，秦昭王就罢免了孟尝君的宰相职务，并把他囚禁起来，准备杀掉他。孟尝君派人向昭王的宠妾求救。那个宠妾提出希望得到孟尝君的白色狐皮裘。孟尝君来的时候，带有一件白色狐皮裘，价值千金，可到秦国后却献给了昭王，再也没有别的皮裘了。有一位门客以前干过小偷，会披着狗皮盗窃东西，便自告奋勇前去秦宫偷裘。他当夜化装成狗，钻入了秦宫中的仓库，取出了献给昭王的那件狐白裘，拿回来献给了昭王的宠妾。宠妾得到狐白裘后，替孟尝君向昭王说情，昭王便释放了孟

尝君。孟尝君获释后,立即乘快车逃离,夜半时分就到了秦国的边境——函谷关。按照关法规定鸡叫时才能放人出关。这时,手下有一个门客会学鸡叫,他一学鸡叫,附近的鸡随着一齐叫了起来,使守门的官吏误认为是时辰已到,便打开了关门。孟尝君和他的门客顺利地逃出了函谷关。

齐愍王之妻——宿瘤

生长在齐国都城郊外的丑女——宿瘤,连姓名也没有流传下来,正史中只有一句:"君子谓齐瘤女通而有礼。"宿瘤世居临淄东郊,以采桑、养蚕、缫丝为生,因为颈项下长了一个大瘤子,所以大家就称她"宿瘤女",整天忙忙碌碌为生活操劳,年逾花信还无人问津。"瘤子"长在颈下,就是甲状腺肿大,古代医药不够发达,无法抑制,无法切除,也不明白病因。尽管远远近近的婚龄男子都用异样的眼光来看待宿瘤,但她却不以为意,依然我行我素地生活在自己的世界里,对周围的一切不闻不问,甚至不屑一顾。她这种与众不同的性格,突然引起齐愍王的好奇心理,不惜移樽就教。不接触不知道,一接触吓一跳,齐愍王对她的贤德才智肃然起敬,更为敬重而滋生爱意。可惜宿瘤早逝,齐愍王过早地失去了一个有力的贤内助,否则历史有可能改写。

 拓展活动

1. 齐国称雄之后是怎样衰落的,对我们今天有什么样的启示呢?
2. 利用图书或网络搜索查找齐秦称帝的故事在班级进行展示交流。

【参考资料】

《齐文化地方教材》　姜健

第二单元 齐风韶韵

先秦齐国，经济发展，国力强盛，由此使得土地不断扩大，人口逐年增多，其音乐的繁荣也是值得大书特书的。齐国音乐的繁盛表现在：懂音乐的人多，既有臣子，也有普通百姓。音乐的种类繁多：既有繁盛的宫廷音乐，又有繁荣的民间音乐。有成熟的音乐理论，也有广泛的群众基础。本单元我们就着重来走进嫦娥、宁戚、孟子、韩娥，沐浴精神的洗礼。

中华传统文化

第 5 课　齐地神话（嫦娥奔月）

嫦娥是帝喾的女儿，美貌非凡。
后羿，相传是尧帝手下的神射手。
《淮南子·览冥训》中说，后羿从西王母处请来不死之药，嫦娥偷吃了这颗灵药，成仙了，身不由主飘飘然地飞往月宫之中，在那荒芜的月宫之中度着无边的寂寞岁月。

 经典诵读

嫦娥奔月

羿[1]请不死之药于西王母，托与姮娥[2]。逢蒙往而窃之，窃之不成，欲加害姮娥。娥无以为计，吞不死药以升天。然不忍离羿而去，滞留月宫。广寒寂寥，怅然有丧，无以继之，遂催吴刚伐[3]桂，玉兔捣药，欲配飞升之药，重回人间焉。

——节选自汉代《淮南子·外八篇》

 字词注释

[1] 羿，尧时的善射者，《山海经》有羿射十日的记载。请，求。西王母，仙人名。
[2] 姮娥，即嫦娥，羿之妻，汉代避文帝讳改姮为嫦。
[3] 伐，砍伐。

走进齐文化 八

 **文选释义**

后羿从西王母那里得到了不死药，交给嫦娥保管。逢蒙听说后，前去偷窃，偷窃不成就要加害嫦娥。嫦娥实在没有办法，情急之下，吞下不死药飞到了天上。但是，由于不忍心离开后羿，嫦娥滞留在月亮广寒宫。广寒宫里寂静空旷，嫦娥惆然若失，心情沮丧，但也没有办法，于是就催促吴刚砍伐桂树，让玉兔捣药，想配成飞升之药，好早日回到人间与后羿团聚。

 **选文赏析**

嫦娥奔月是远古神话，是我国十大古代爱情故事之一，也是中国古代四大神话之一。我国的四大神话有女娲补天、共工触山、羿日除害、嫦娥奔月。其中，羿日除害、嫦娥奔月的故事均发生在齐地。

羿日除害

 **知识链接**

嫦娥之墓

嫦娥墓位于山东省日照市的天台山上，陪伴在后羿墓的旁边。据说后羿与姮娥开创了一夫一妻制的先河，后人为了纪念他们，演绎出了嫦娥飞天的故事。

据史料记载，后羿统一了东夷各部落方国，组成了一个强大的国家。由于该国家为众多崇拜太阳的部落方国所组成，在《山海经》中被称为"十日国"。

十日国的地望位于东海之滨的山东省日照市南部（见"《山海经·海外东经》地望考证"一文）。现在的国家级历史文物保护单位，尧王城遗址为十日国的都城，尧王城遗址南侧的天台山（现为日照汤谷太阳文化源旅游风景区的一部分）。日照汤谷太阳文化源旅游风景区内还有太阳石、太阳神陵、老母庙、老祖像、日晷等许多太阳崇拜的遗迹。

后羿和她的妻子嫦娥（后来演绎为飞天的嫦娥）死后就葬在日照汤谷太阳文化源旅游风景区内的天台山上，当地人称之为大羿陵。

中华传统文化

日照汤谷太阳文化源旅游风景区

大羿陵

 **拓展活动**

了解一点《霓裳羽衣舞》的故事传说，想象其中的美丽。

《霓裳羽衣舞》原名《婆罗门》，它是唐代歌舞的集大成之作。该曲是唐玄宗为道教所作之曲。《霓裳羽衣曲》描写唐玄宗向往神仙而去月宫见到仙女的神话，其舞、其乐、其服饰都着力描绘虚无缥缈的仙境和舞姿婆娑的仙女形象，给人以身临其境的艺术感受。

了解一点《霓裳羽衣舞》的故事传说，想象其中的美丽。

走进齐文化 八

第6课 古诗二首

宁戚：字越，春秋莱棠邑（今青岛平度）人。早年怀经世济民之才而不得志，以家贫为人挽车。后因管仲举荐，公元前685年被拜为齐国大夫。后长期任齐国大司田，为齐桓公主要辅佐者之一。

经典诵读

宁戚引古诗

浩浩白水。儵儵之鱼[1]。君来召我。
我将安居？国家未立。从我焉如。

——选摘自《东周列国志》

饭牛[2]歌

南山矸[3]，白石烂，生不遭尧与舜禅。短布单衣适至骭[4]，从昏饭牛薄夜半[5]，长夜漫漫何时旦？

沧浪之水白石粲，中有鲤鱼长尺半。毂布单衣裁至骭，清朝饭牛至夜半。黄犊上坂且休息，吾将舍汝相齐国。

出东门兮厉石班，上有松柏兮青且兰。粗布衣兮缊缕，时不遇兮尧舜主。牛兮努力食细草，大臣在尔侧，吾当与尔适楚国。

——选摘自《三齐记》

中华传统文化

 字词注释

[1]儵儵之鱼,儵,小鱼。引者自谦为村野之人。

[2]饭牛:喂牛,饲养牛。

[3]矸,gān,山石貌。尧与舜禅:尧将职位禅让给舜。禅,shàn,禅让,古代历史上统治权转移的一种方式。

[4]短布单衣适至骭,衣服短小单薄,裤子只到小腿。适至,才到,刚到。骭,gàn,小腿。

[5]从昏饭牛薄夜半,从傍晚喂牛到半夜。昏,傍晚。薄,迫近。

 文选释义

宁戚引古诗

水浩浩然盛大,鱼育育然相与而游其中,如果国君来召我辅佐国政,那我就像被钓离水面的鱼一样,不能再回到水中;而如今国家还没真正稳定强盛,我又怎么能袖手旁观、安之若素呢?

饭牛歌

南山有奇石,色白而烂然,可惜不生尧舜时代。我的衣服只长过膝盖,却从黄昏喂牛到寒夜,长夜何时天亮?

海水冲刷的石头光滑圆润,却只有半尺长的鲤鱼在里面游。我的衣服只长过膝盖,却从清晨喂牛到寒夜。牛上到坡上休息,我也不想管你的齐国了。

出了齐国的东门一路上有许多长着青苔的石头,还种植着许多青青的松树柏树青兰。我的衣服不好,只能说没遇到一个像尧舜的君主。牛在努力吃草,我是你身边的良臣,你不珍惜我我只能去楚国了。

 选文赏析

《宁戚引古诗》这首诗是宁戚向管仲自荐时引唱的一首古诗。其经商至齐都东郭外饭牛,遇管仲唱其歌,后荐与齐桓公。

走进齐文化 八

饭牛歌又名《扣角歌》《牛角歌》《商歌》。相传春秋时期卫人宁戚喂牛于齐国东门外，待桓公出，扣牛角而唱此歌。《楚辞·离骚》"宁戚之讴歌兮，齐桓闻以该辅"后遂用作寒士自求用世的典故。

 **知识链接**

宁戚想要到齐桓公那里去求取官职，因为穷困无法接近齐桓公，于是，受雇替商人赶车到齐国去，夜晚就在城门之外住宿，齐桓公到郊外迎接客人，夜晚打开城门，所有赶车者都得回避，跟随齐桓公的人很多，而且都拿着明亮的火把。宁戚在车前给牛喂食，看到齐桓公而悲伤，敲打着牛角，唱着很悲伤的歌曲。齐桓公听见后，扶着他的仆人的手走下车说："奇怪啊，这个唱歌的人是非一般之人啊。"齐桓公于是命令，用后面的车子装载一同回朝。齐桓公回到朝廷，手下人向他请示如何处置宁戚。齐桓公说："赏赐给他官衣官帽，我将接见他。"宁戚见到齐桓公，游说齐桓公统一四境；第二天再见，更劝说齐桓公统一天下。

齐桓公非常高兴，将重用宁戚。群臣们都纷纷劝齐桓公说："宁戚是卫国人，离我们齐国只有五百里路，不是很远，不如我们派人去打听打听他的情况，如果他确实是个贤能的人，再重用他也不为晚。"齐桓公说："不可这样，打听可能会听到一些小毛病，因为小毛病，而忘记人家的主要美德，这就是君主往往错失天下人才的原因。况且一个人很难十全十美，治政只用他的长处即可。"于是就提拔重用了宁戚，授给他卿相的大官。此举为齐桓公赢得了天下的人心，这就是他成为春秋五霸之一的原因。

 **拓展活动**

读一读《初谭集》中的举火求贤的故事，感悟齐桓公的形象。

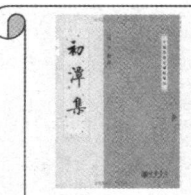

齐桓公知宁戚，将任之以政。群臣争馋之曰："宁戚，卫人也，去齐不远。君可使人问之，问之而固贤，而未晚也。"公曰："不然。问之，患其有小恶。以其小恶，忘其大美，此世所以失天下之士也。"乃夜举火而爵之为卿。

【参考文献】《古代咏齐诗赋续集》中央文献出版社

中华传统文化

第 7 课　音乐理论《孟子的音乐理论》

孟子的音乐观念，主要见于《梁惠王下》《公孙丑上》《离娄上》《告子上》《尽心上》《尽心下》诸篇。从中可以看出，孟子的音乐美学思想，既重视君臣、百姓之间的情感交流、谐和，又重视音乐艺术"悦人心""致人和""达世治"的特殊功能，这些都与先秦时代尚"和"的音乐美学思想是一脉相承的。

经典诵读

"臣请为王言乐：今王鼓乐于此，百姓闻王钟鼓之声，管籥之音[1]，举[2]疾首蹙頞[3]而相告曰：'吾王之好鼓乐，夫何使我至于此极[4]也？父子不相见，兄弟妻子离散。'今王田猎[5]于此，百姓闻王车马之音，见羽旄[6]之美，举疾首蹙頞而相告曰：'吾王之好田猎，夫何使我至于此极也？父子不相见，兄弟妻子离散。'此无他，不与民同乐也。今王鼓乐于此，百姓闻王钟鼓之声，管籥之音，举欣欣然有喜色而相告曰：'吾王庶几无疾病与？何以能鼓乐也？'今王田猎于此，百姓闻王车马之音，见羽旄之美，举欣欣然有喜色而相告曰：'吾王庶几无疾病与？何以能田猎也？'此无他，与民同乐也。今王与百姓同乐，则王矣。"

孟子

——《孟子·梁惠王下》

走进齐文化 八

 字词注释

[1]钟鼓之声,管籥(yuè)之音,这里泛指音乐。管,籥,两种管乐器,前者跟笛子相似,后者似是排箫的前身。

[2]举,皆、都。

[3]疾首蹙頞(cù è),形容心里非常怨恨和讨厌。疾首,头痛。蹙頞,皱眉头。頞,鼻梁。

[4]极,《说文》:"栋也。"《通训定声》按:在屋之正中至高处。引申为极致,极端。

[5]田猎,在野外打猎。在春秋战国时期,这是一项带有军事训练性质的活动。由于它要发动百姓驱赶野兽,各级地方官员都要准备物资和亲自参与,所以,古人主张应该在农闲时候有节制地举行,以免扰乱正常的主产秩序。

[6]羽旄,古代军旗的一种,用野鸡毛、牦牛尾装饰旗杆。旄,牦牛尾。

 文选释义

孟子说:"那就让我来为大王讲讲欣赏音乐的道理吧!假如大王在奏乐,百姓们听到大王鸣钟击鼓、吹箫奏笛的音声,都愁眉苦脸地相互诉苦说:'我们大王喜好音乐,为什么要使我们这般穷困呢?父亲和儿子不能相见,兄弟和妻儿分离流散。'假如大王在围猎,百姓们听到大王车马的喧嚣,见到旗帜的华丽,都愁眉苦脸地相互诉苦说:'我们大王喜好围猎,为什么要使我们这般穷困呢?父亲和儿子不能相见,兄弟和妻儿分离流散。'这没有别的原因,是由于不和民众一起娱乐的缘故。假如大王在奏乐,百姓们听到大王鸣钟击鼓、吹箫奏笛的音声,都眉开眼笑地相互告诉说:'我们大王大概没有疾病吧,要不怎么能奏乐呢?'假如大王在围猎,百姓们听到大王车马的喧嚣,见到旗帜的华丽,都眉开眼笑地相互告诉说:'我们大王大概没有疾病吧,要不怎么能围猎呢?'这没有别的原因,是由于和民众一起娱乐的缘故。现在大王能和百姓们同乐,那就可以以王道统一天下。"

中华传统文化

 **选文赏析**

"庄暴见孟子"是《孟子》中的经典段落。内容以庄暴和孟子的对话为形式,阐述孟子想要告诉君主仁君应"与民同乐"、实行"仁政"的基本儒家思想。全章以音乐为题,说明不与民同乐就会失去民心;与民同乐就会得到民心,统治天下。这与民同乐与儒家礼乐治天下的思想是一致的。

 **知识链接**

孟子说:"仁的实质就是侍奉父母;义的实质就是顺从兄长;智的实质就是懂得这两者的道理而不离弃;礼的实质,就是调节、修饰这两者;乐的实质,就是高兴地做到这两者,这样的话快乐就产生了。只要快乐一产生,那就遏止不住,也停不下来了,于是就情不自禁地手舞足蹈起来。"

 **拓展活动**

读《孟子·尽心上》中的句子,体会孟子认为"仁声"比"仁言"更能感化人的思想。

"仁言不如仁声之入人深也,善政不如善教之得民也。善政,民畏之;善教,民爱之。善政得民财,善教得民心。"

——《孟子·尽心上》

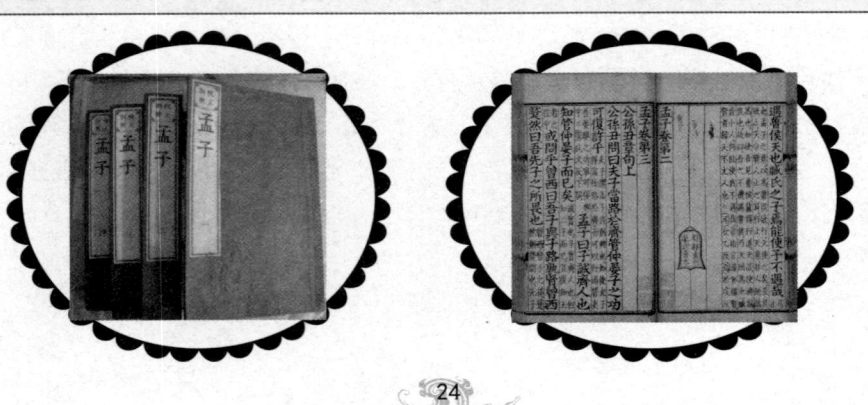

走进齐文化 八

第8课 艺海拾贝《余音绕梁》

正所谓舜君所言：歌永言，声依永，律和声，在心为志，发言为诗，情动于中，而形于言。言之不足，故嗟叹之，嗟叹之不足，故永歌之。所以，能打动人的歌，必是能和现实结合的歌曲，能让人感同身受。

经典诵读

韩娥善歌

昔韩娥东之齐[1]，匮[2]粮。过雍门，鬻歌[3]假食。既去而余音绕梁欐[4]，三日不绝。左右以其人弗去。过逆旅，逆旅人辱之。韩娥因曼声[5]哀哭，一里老幼悲愁，垂涕相对，三日不食。遽而追之。娥还，复为曼声长歌，一里老幼喜跃抃[6]舞，弗能自禁，忘向[7]之悲也。乃厚赂[8]发之。故雍门之人至今善歌哭，仿娥之遗声。

——《列子·汤问》

字词注释

[1]韩娥：韩国的歌唱家。之：去。　[2]匮：尽。
[3]鬻（yù）歌：卖唱。　　　　　[4]梁欐（lì）：房屋的中梁。

[5] 曼声：长声。

[6] 抃（biàn）：鼓掌。

[7] 向：先前，从前。

[8] 赂：赠送礼物。

文选释义

春秋时期，韩国有一个善于唱歌的民间女歌手，人们都称她韩娥。韩娥不但人长得漂亮，嗓音优美，而且在她的歌声中倾注着全部感情，因此，她的歌声有着强烈的感染力。她唱起欢快的歌，人们跟她一起高兴；她唱起悲伤的歌，人们跟她一起落泪。

一次，韩娥从韩国来到齐国，在经过齐国都城临淄时，身边带的干粮吃完了，就在都城的雍门卖唱求食。她那动听的歌声召来了一大群听众，人们把她围得水泄不通，一个个听得出了神。韩娥唱罢，人们纷纷解囊，掷钱资助她。韩娥用卖唱的钱买了吃的，填饱了肚子，便离开走了。但听过她歌声的人都觉得她那优美的歌声还在梁间回绕，一连好几天都没消失，就好像她没有离去一样。当天，韩娥住进了附近的一家旅馆，旅馆中有人欺侮了她。她便拖着长声哀哀地哭，哭声似泣似诉，附近不管是年老的，还是年轻的；不管是男的，还是女的，都一片悲苦，相对流泪，三天吃不下饭。他们发现，韩娥已经走了，急忙把她追回来，一起谴责了那个欺负她的人，并要她再为大家唱几支歌。

韩娥拗不过雍门居民们的盛情，就为大家引吭高歌。街坊的男女老少听了，都情不自禁地拍着手跳起舞来，把先前的悲哀忘得一干二净。韩娥唱完歌，雍门的居民们一起凑了不少路费，送韩娥上了路。后来，雍门的人就经常唱韩娥唱的那几支歌，天长日久，雍门的人就越来越喜欢唱歌了。

选文赏析

齐国历代的统治者都有音乐的嗜好，势必影响普通百姓。春秋战国时期的齐国百姓无不吹竽、鼓瑟、击筑、弹琴。齐桓公听懂了宁戚的歌，百姓们听懂了韩娥的歌……齐国的《韶乐》让大音乐家孔子吃了三个月的肉都不知口中什么滋味，想来必定是真的了！

 知识链接

高山流水

春秋时期，楚国有个叫俞伯牙的人，精通音律，琴艺高超。但他总觉得自己还不能出神入化地表现对各种事物的感受。老师知道后，带他乘船到东海的蓬莱岛上，让他欣赏自然的景色，倾听大海的涛声。伯牙只见波浪汹涌，浪花激溅；海鸟翻飞，鸣声入耳；耳边仿佛响起了大自然和谐动听的音乐。他情不自禁地取琴弹奏，音随意转，把大自然的美妙融进了琴声，但是，无人能听懂他的音乐，他感到十分的孤独和寂寞，苦恼无比。一夜，伯牙乘船游览。面对清风明月，他思绪万千，弹起琴来，琴声悠扬，忽然他感觉到有人在听他的琴声，伯牙见一樵夫站在岸边，即请樵夫上船，伯牙弹起赞美高山的曲调，樵夫道："雄伟而庄重，好像高耸入云的泰山一样！"当他弹奏表现奔腾澎湃的波涛时，樵夫又说："宽广浩荡，好像看见滚滚的流水，无边的大海一般！"伯牙激动地说："知音。"这樵夫就是钟子期。后来子期早亡，俞伯牙悉知后，在钟子期的坟前抚平生最后一支曲子，然后尽断琴弦，终不复鼓琴。伯牙子期的故事千古流传，高山流水的美妙乐曲至今还萦绕在人们的心底耳边，而那种知音难觅、知己难寻的故事却世世代代上演着。

 拓展活动

读一读，韩娥的经典歌词，感受其中的思想。

"天地迢迢，日月昭昭。人为至灵，何以自咬"。
天地那么久远，日月那么明亮。人是其中最聪明、最有灵性的生物。为什么却要自相残杀、自相迫害呢？

第三单元 《管子·兵学》

管子是我国古代重要的政治家、军事家、思想家，也是先秦诸子中法家学派的代表人物，这一学派的思想集中体现于《管子》一书。《管子》的兵学思想十分丰富，它在战争观、治军思想、战术思想等方面均有精辟深入的论述，成为中国军事思想发展史上的一个重要环节。

本单元，我们将通过七法、轻重甲、参患、霸言四个部分的学习，进一步了解管仲的"治世之才"。

第9课 七法（节选）

强兵与富国是紧密结合在一起的。不强兵，富国就没有保障。不富国，强兵就没有基础。在战乱不断的春秋战国时期，这是一条客观规律。对军事在国家兴衰存亡中的重要作用有充分认识的管子，有着怎样的战争观呢？

经典诵读

为兵之数

为兵之数[1]，存乎聚财，而财无敌；存乎论工[2]，而工无敌。存乎制器[3]，而器无敌；存乎选士，而士无敌；存乎政教[4]，而政教无敌；存乎服习[5]，而服习无敌；存乎遍知天下[6]，而遍知天下无敌；存乎明于机数[7]，而明于机数无敌。故兵未出境，而无敌者八。

——节选自《管子》之《七法·第六》

字词注释

[1]为兵之数谓治兵的方术，为，治也。
[2]论功，指讲究工艺。
[3]制器谓制造兵器。

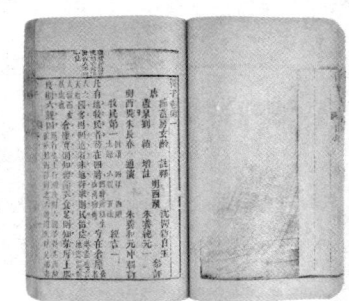

[4]政教即军队的政治教育。

[5]服习，即军事训练。

[6]遍知天下，为调查研究，了解各国情况。

[7]机，时机，战机。

文选释义

为兵之数

用兵的方法，一在于积聚财富，而要使财富无敌；二在于考究军事工艺，而要使工艺无敌；三在于制造兵器，而要使兵器无敌；四在于选择战士，而要使战士无敌；五在于管理教育，而要使管教工作无敌；六在于军事训练，而要使训练工作无敌；七在于调查各国情况，而要使调查工作无敌；八在于明察战机和策略，而要使明察战机和策略无敌。这就是说，军队没有调出国境，就已经保证八个方面无可匹敌了。

选文赏析

管仲跳出了单纯的军事范畴，把兵学同政治、经济等因素联系起来，体现出整体战和超限战的思想，给战争以新的内涵。

知识链接

管子"八无敌"的全维战争观

《管子》对军事在国家兴衰存亡中的重要作用有相当充分的认识，对军事与政治的关系也有着深刻的论述，对战争的具体规律进行了深入探索。在处理富国与强兵的关系时，管仲自觉地使治国与治军互为联系，结成一个系统的整体，充分体现了大系统的战略思维。战略是对战争全局的筹划和指导，依据敌对双方军事、政治、经济、外交、地理等因素，照顾战争全局的各方面、各阶段之间关系，照顾战争各子系统之间的关系以及与大系统之间的关系，规定军事力量的准备和运用，力争使战争能量高效准确地释放出来。

按照大系统的战略观，管仲提出了"八无敌"的全维战争观："存乎聚财而财无敌，存乎论工而工无敌，存乎制器而器无敌，存乎选士而士无敌，存乎政教而政教无敌，存乎服习而服习无敌，存乎遍知天下而遍知天下无敌，存乎明于机数而明于机数无敌。"这种总体战思想，把战争联系到整个国家社会的各个领域，认为只有交战一方在经济、制造、器械、军队、纪律、训练、情报、时机这八个方面都胜过敌方，才能有必胜的把握。

拓展活动

管子在"成功立事，必顺于礼义，故不礼不胜天下，不义不胜人；故贤知之君，必立于胜地，故正天下而莫之敢御也"这句话中表达了怎样的战争观？你还能举出更多古今中外"行义"而胜，"不义"而败的战争实例吗？

【参考文献】《齐文化丛书·管子简释》齐鲁书社出版

第10课 轻重甲（节选）

管子在古代被认为是周朝时期"自周公以来第二个圣人"。他凭借其"轻重论"成为现在货币战争、粮食战争、贸易战争的鼻祖。那么《管子·轻重》诸篇阐发的轻重理论的内容到底是什么呢？

经典诵读

桓公曰："轻重有数乎？"管子对曰："轻重无数，物发而应之，闻声而乘之[1]。故为国不能来天下之财，致天下之民，则国不可成。"

……

桓公曰："何谓致天下之民？"管子对曰："请使州有一掌[2]，里有积五窌[3]。民无以与正籍[4]者予之长假，死而不葬者予之长度。饥者得食，寒者得衣，死者得葬，不澹者得振[5]，则天下之归我者若流水，此之谓致天下之民。故圣人善用非其有，使非其人，动言摇辞[6]，万民可得而亲。"
桓公曰："善。"

——节选自《管子·轻重甲》

字词注释

[1]物发而应之，闻声而乘之，此句的意思是：要掌握市场价格，就需要了解市场功能，做出相应的判断，这样才能充分利用其规律，为我所用。

[2]掌，指掌管人，即地方官。

[3]窌，音jiào，即地窖，储藏粮食用。

[4]与正籍，指参与纳税人。

[5]澹，通赡。振，通赈，救济。

[6]用非其有，使用不属于自己有的财富。使非其人，使用不属于自己统治的人。动言摇辞，指宣传鼓动或发布命令。

文选释义

桓公说："掌握轻重之策有定数吗？"管仲回答说："掌握轻重之策没有定数。物资一动，措施就要跟上；听到消息，就要及时利用。所以，建设国家而不能吸引天下的财富，招引天下的人民，则国家不能成立。"

……

桓公说："何谓招引天下的人民？"管仲回答说："请在每个州设一个主管官吏，在每个里贮备五窌存粮。对那种纳不起税的穷苦人家给予长期借贷，对那种无力埋葬死者的穷苦人家，给予安葬费用。如做到饥者得食，寒者得衣，死者得到安葬，穷者得到救济，那么，天下人归附我们就会像流水一样，这就叫作招引天下的人民。所以，圣明君主善于利用不属于自己所有的财富，善于役使不属于自己统辖的人民，一旦发出号召，就能使万民亲近。"桓公说："好。"

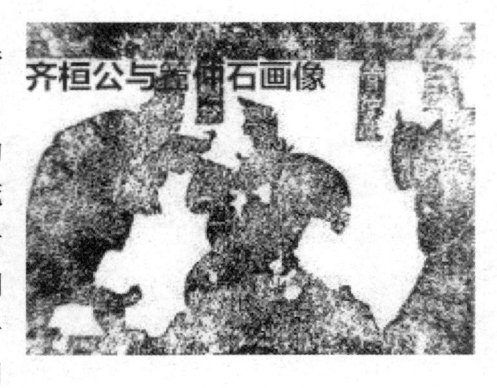

齐桓公与管仲石画像

中华传统文化

选文赏析

上面所引述的一段话，是国家通轻重之变所要达到的目的。

《管子·轻重篇》诸篇原19篇，今存16篇，是我国古代经济思想的瑰宝。《轻重篇》在重视农业、稳定个体农民经济基础上，主张通过商品经济来富国、强国，提出了国家通过货币、商品的"轻重"关系来调控经济的理论，这在先秦经济思想中可以说是独树一帜的，至今仍然可资借鉴。

知识链接

绨，是一个骗局

据《管子·轻重戊》记载：桓公在继位第二年，曾经攻打鲁国，结果在长勺之战被打败，损兵八千人。公元前684年，他对管子说："鲁国、梁国（宋国）对于我们齐国，就像田边上的庄稼，蜂身上的尾螯，牙外面的嘴唇一样。现在我想攻占鲁、梁两国，怎样进行才行？"

管仲想了一阵，告诉给齐桓公一个办法，齐桓公同意了。

齐桓公下诏，齐国官员必须穿绨。于是，官员、百姓纷纷穿起了绨，由于供不应求，一夜之间，绨的价格一路飙升，涨得非常快。管仲又安排了一些人，分别与鲁国和梁国进行绨贸易，大量高价收购绨。梁国为了增加经济效益，开始大量生产绨，之后出口给齐国。鲁国有些犹豫不决，在观望一阵后，也被眼前的利益动摇了，开始动员全国织绨，然后由政府统一收购，再卖给齐国。半年之后，鲁国的首都曲阜，热闹非凡，人嚷马嘶，到处都是运绨队伍，盛况空前，绝无仅有。

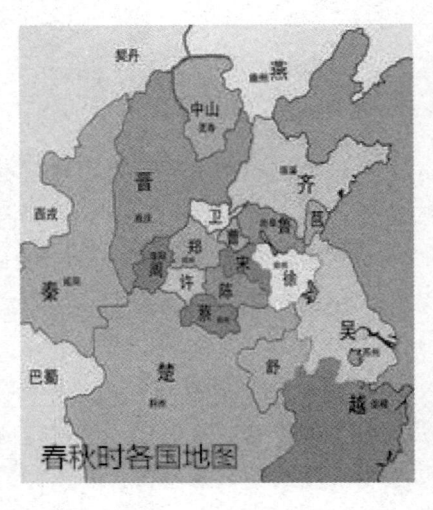

齐国的刀币，当时在各国很流行

走进齐文化 八

管仲进一步地给商人下了嘉奖令，规定：如果有人一次能贩卖绨1000匹，就可以得到黄金300斤；连续贩卖10次者，可得黄金3000斤。在这样的鼓励下，梁国和鲁国更是玩命地贩绨。鲁国的财政状况日渐好转，国君乐得合不拢嘴。几乎所有的鲁国人，都弃耕种桑了，一点儿都未觉察到管仲的圈套。管仲看到时机日益成熟，一日，突然下令，关闭所有与鲁国、梁国的贸易通道；齐国人禁止穿绨，只许穿帛衣。这下可急坏了鲁、梁两国，他们生产的绨无处可卖，像大山一样堆积；而且因为退耕种桑，粮食也颗粒无收，有钱也买不到粮食。为了能够填饱肚子，鲁、梁两国不得不从齐国引进粮食。但齐国卖给本国人的粮食，一石才10钱，而鲁、梁两国买一石粮，却要上千钱。

10个月后，鲁、梁两国的人，忍受不了饥饿，纷纷逃往齐国。

鲁、梁两国国君此时才知道上了齐国的当，但为时已晚，只能眼睁睁地看着自己的国民归附了齐国，自己也只好俯首称臣了。

就这样，管仲只用了三年时间，不费一兵一卒，就让鲁国和梁国乖乖归顺了。如果他不使用这个计策，那么，不知道要耗到何年何月，损失多少人力、物力、财力，才能收服两国。

拓展活动

战争不一定要兵戈相见，刀光剑影，战而有术，不动一兵一卒，照样可以兵不血刃降服外国。管仲把轻重之术运用于诸侯国之间的斗争，取得了"不战而胜"的效果。请你课外查阅资料，就"知识链接"中实例，分析齐国获胜的原因。

【参考文献】《齐文化丛书·管子简释》齐鲁书社出版

中华传统文化

第11课 参患（节选）

军队对一个国家有怎样的重要性？计划对于战争又有怎样的意义？管仲的兵学论作中都会给你做出准确的解释。这一课我们将走近《管子》之《参患》篇，进一步了解管子的兵学思想。

经典诵读

君之所以卑尊，国之所以安危者，莫要于兵。故诛暴国必以兵，禁辟民必以刑[1]。然则兵者外以诛暴，内以禁邪。故兵者尊主安国之经也[2]，不可废也。若夫世主则不然，外不以兵，而欲诛暴，则地必亏矣；内不以刑，而欲禁邪，则国必乱矣。

——节选自《管子·参患第二十八》

管仲劝谏

字词注释

[1]辟，(bì毕)通"僻"。

[2]经，(jīng京)这里用为治国之策之意。

走进齐文化 八

文选释义

决定君主尊卑、国家安危的，没有比军队更重要的了。征伐暴国，必用军队；镇压坏人，必用刑杀。于是军队是对外用于征伐暴国，对内用于镇压坏人的。因此，军队是尊君安国的根本，不可废置。现时的君主则不然，对外不用军队而想征伐暴国，那就必然要丧失国土；对内不用刑杀而想镇压坏人，国家就一定混乱了。

选文赏析

"主明、相知、将能"以后应该怎么办？君主一定要掌握军队的控制权，掌握刑罚的实施权。当代资本主义国家用的就是这一条，总统有宣战的权力，核武器的攻击按钮也由总统掌握。这应该是起码的知识。可是有的统治者、领导人却不以为意，常常放弃这种权力，从而导致对手有机可乘。

知识链接

"参患"小解

《参患》是我国古籍《管子》里记载的一篇文章，见于《管子》第二十八篇。

尹知章云："太强亦有患，太弱亦有患，必参祥强弱之中，自致于无患也。"据此，"参患"即指参详于强弱之中以求无患。

本篇基本上是一篇军事论文，共分四节。第

中华传统文化

一节人主"猛毅则伐,懦弱则杀",所论与《法法》篇末节略同,而与本篇后文无关联,故有人以为是别篇错置。第二节论述军队"外以诛暴,内以禁邪"的重要作用。第三节论述用兵事先精心筹划的重要性。第四节论述考评用兵的主要内容是兵器、士兵、将领和君主四方面的状况。

拓展活动

作为"法家先驱""圣人之师",管子有哪些经典名言?请你课外做搜集整理,并将其做成精美的书签赠送给你的朋友吧!

【参考文献】《齐文化丛书·管子简释》齐鲁书社出版

走进齐文化 八

第12课 霸言（节选）

管仲认为，世界主导国有王权和霸权两类国家。霸权国家以实力为基础，而王权国家则以实力和道义两者为基础。对于这个问题，你有何见解？读一读《霸言》的经典篇章吧，相信你会有新的发现。

经典诵读

夫欲用天下之权者，必先布德诸侯。是故先王有所取，有所与，有所诎[1]，有所信[2]，然后能用天下之权。夫兵幸于权，权幸于地[3]。故诸侯之得地利者，权从之；失地利者，权去之，夫争天下者，必先争人。明大数者得人[4]，审小计者失人。得天下之众者王，得其半者霸。是故圣王卑礼以下天下之贤而王之[5]，均分以钓天下之众而臣之[6]。故贵为天子，富有天下，而伐不谓贪者，其大计存也。

——节选自《管子·霸言第二十三》

字词注释

[1]诎通曲。

[2]信通伸。

[3]此言兵通于权,掌兵即有权。权通于地,言有权利则有土地。

[4]《说文》,"数,计也"。"大数"正与下句"小数"相对。

[5]"以天下之贤",以,用也。

[6]钓,取也,勾引之也。

文选释义

想要掌握天下的权力,首先必须施德于诸侯。因此,先王总是有所取,有所予,有所屈,有所伸,然后才能掌握天下的大权。兵胜在于有权,权胜在于得地利。所以,诸侯得有地利的,跟着有权力;失地利的,权就跟着丧失了。争夺天下,还必须先得人心。懂得天下大计的,得人;只打小算盘的,失人。得天下大多数拥护的,能成王业;得半数拥护的,能成霸业。因此,圣明君主总是谦恭卑礼来对待天下贤士而加以任用,均分禄食来吸引天下民众而使为臣属。所以,贵为天子,富有天下,而世人不认为贪,就是因为他顺乎天下大计的原故。

走进齐文化 八

选文赏析

《霸言》是我国古籍《管子》里记载的一篇文章,见于《管子》第二十三篇。

所谓"霸言"指称霸天下的言论。本篇以桓公、管仲对答的形式,阐述了齐国图霸的理论和实践,共分为三节。第一节管仲阐述了霸王之业应以百姓为本,并具体提出了轻税敛、缓刑政和举事以时三条原则。第二节记述桓公沉溺于享乐,管仲谏请桓公封亡国之君,并以重礼结交诸侯各国,使齐国号令"始行于天下"。第三节记述楚国攻打宋、郑,干扰齐国,管仲劝谏桓公发兵保护宋、郑,并进而攻伐各国,九合诸侯,成就霸业。

知识链接

寝不安席,食不甘味

相国管仲病重之际,齐桓公去看望他。齐桓公问管仲:"如果相国真要弃寡人而去,拜谁为相合适呢?"管仲说:"主公想拜谁为相呢?"齐桓公说:"易牙如何?"管仲说:"天下最深的感情莫过于父子情,易牙连自己的儿子都杀,可见他是多么自私无情,怎么可以为相?"齐桓公又问:"竖貂怎么样?"管仲说:"人最爱惜的莫过于自己的身体,竖貂为了服侍主公,不惜把自己的身体弄残,根本没有人性,怎么能为相呢?"齐桓公说:"开方为了我,很多年不回家探望父母,敬寡人胜过敬父母,也不能为相吗?"管仲说:"一个不孝敬父母的人,最终对谁都不会忠心耿耿,他也不合适。我认为,国君您应当远离这三个小人。"管仲死后,齐桓公便把易牙、开方、竖貂赶出了朝廷。但这三人被赶出宫后,由于桓公再也听不到甜言蜜语,吃不到美味佳肴,整天觉得无精打采,萎

中华传统文化

摩不振，睡不着觉，饭吃不香。他渐渐忘记管仲的告诫。于是，将那三人重新召入宫中，委以重任。最后，这位开创春秋首霸伟业的齐桓公，晚年因亲近小人，落了个被活活饿死的悲惨下场。

拓展活动

《管子·霸言》还有哪些精彩内容？请你课外搜集阅读，并把你的阅读收获和同学分享吧！可别忘记将你最喜欢的《霸言》名句抄录在下面的横线上呀！

_____

_____

【参考文献】《齐文化丛书·管子简释》齐鲁书社出版

走进齐文化 八

活动探究 我心目中的管子

从初一的《管子》治国学到本单元的《管子·兵学》学习，相信你对管子生平及其思想主张已经有了一定的了解，为了让自己对"中国之最大的政治家""学术思想界一巨子"（梁启超语）有一个完整、清晰、客观的认识，请你行动起来开始一段探究之旅吧，相信你会在活动中有更多收获！

课前准备

博 学

二千七百年多年前，中国历史进入了春秋时期。虽然各个诸侯国在名义上仍然尊崇周朝天子为天下之王，但相互之间却经常因为土地、财富和人民而发生战争。在烽烟四起、弱肉强食的三百年的争斗中，有五位诸侯国国君，先后依靠自身的实力和声望，召集诸侯会盟而成为诸侯盟主，他们就是历史上著名的"春秋五霸"。其中，开一代风气之先的第一位霸主是齐桓公，辅佐齐桓公成就霸业的正是名相管仲。然而，在当时人们看来，年轻时的管仲，穷困潦倒，是一个不成功的商人；胆小怯懦，是一个不勇敢的士兵；狂妄无能，是一个不称职的官员。同时，他还成为了齐桓公的敌人，差一点置齐桓公于死地。没想到几番波折之后，齐桓公却拜管仲为

管仲画像

中华传统文化

相,而管仲也最终成为一代名相和杰出的社会改革家。那么,前半生极不成功的管仲,又是如何取得了巨大成功的呢?

虽然管仲坐上了齐国宰相的位子,但齐桓公却根本不听他的建议,而是一意孤行,大力发展军事,随意发动战争,管仲只好沉默不语、袖手旁观。在经历了一连串的惨败之后,齐桓公终于让出了治理国家的大权,开始让管仲真正行使宰相的权力。短短几年后,齐桓公便称霸诸侯,成为历史上第一位号令天下的诸侯盟主。那么,管仲到底用了什么样的办法让齐国天翻地覆?他又用了什么样的绝招让齐桓公迅速实现了梦寐以求的理想?

在真正获得了治理国家的相权之后,管仲对齐国进行了一系列的改革,短短几年时间,就让齐国迅速崛起,不但彻底扭转了齐国的形象,也使齐桓公称霸诸侯的梦想得以初步实现。在接下来的几十年里,管仲继续不断地出谋划策,导演了一幕幕风云激荡的历史大戏,使齐桓公的霸业逐步达到了顶峰,成为诸侯各国一致拥戴的霸主,并且其霸主身份也得到了周朝天子的批准。那么,齐桓公究竟是怎样在管仲的指导下一步一步走向霸主宝座的?而后来对于野心已经极度膨胀的天下盟主齐桓公,管仲是否还能进行有效的劝谏呢?

读完上述资料,请你观看"百家讲坛"栏目浙江大学董平教授讲述的"名相管仲",或广泛搜集资料,进一步了解管子生平经历、治国方略。并请你分类整理保存好各类材料,形成个人探究学习档案馆。

明　辨

年轻时的管仲,穷困潦倒,是一个不成功的商人;胆小怯懦,是一个不勇敢的士兵;狂妄无能,是一个不称职的官员。同时,他还成为齐桓公的敌人,差一点致齐桓公于死地。

幼年时家境贫寒,和鲍叔牙是好友,他们合伙经商,获利后他总比鲍叔牙多拿一些红利,伙计们都看不惯,而鲍叔牙却解释说:他家贫，多拿一点是应该的。管仲和鲍叔牙一起打仗，冲锋时管仲常常躲在后面，退却时却总是跑在最前，士兵们很不齿，鲍叔牙为他解释说：管仲不肯拼命是因为孝顺，家有老母，他一旦战死，就没人奉养。似乎别人都没娘亲似的。后来管仲也曾经做过几次小官，每次都因为表现一般而被免职，一些人耻笑他愚笨，鲍叔牙向众人解释说：管仲并不是干不了，只是这些小事并不适合他的才能罢啦！

曾有后人称管仲是没有节操的人：辅佐公子纠夺国君之位失败后，同事召忽不屈而死，他却贪生怕死，忍受做囚徒的侮辱也要活下去。

相传管子是妓院和赌场的创始人。

读完上面的史料，你心目中管子的形象是否有了变化？明辨深思，确定你个人的观点，可要记得用充足的材料来证明你的观点呀！

唇枪舌战

1. 充分的阅读后，我们要为"我心目中的管子"据理一辩了——你对辩论赛的流程及组织方式有足够的了解吗？和小组内的同学共同商议并完成一份辩论流程设计吧！

2. 辩论赛流程设计竞标。每个人都要参与到竞标活动中来哦，亮出你们设计的精彩之处，让自己成为全班同学辩论赛的导演，策划整个活动该是多么有意义的一件事！

3. 辩论现场。依据竞标成功小组的辩论赛活动策划，正反方分别以"才高可以掩少德之丑""才高不可以掩少德之丑"为题展开辩论，深化对管子形象的认识。

课外拓展

走出校园，走进管仲纪念馆，实地参观、了解，相信你会从书本走向生活，从而让自己的学习更加深入，对人物的认识更加客观公正！

第四单元 《晏子春秋》

　　《晏子春秋》在先秦诸子中是一部别具色彩的古书。全书既有子书的内容，又有《战国策》之类史书的风貌，书中记载了很多晏婴劝告君主任用贤能和虚心纳谏的事例。这样一部生动地反映出春秋战国文化思想的空前活跃状态的典籍，很值得同学们去阅读。

第13课 《晏子春秋·卷三第十三》（节选）

景公问晏子：善于治理国家的君主，其所作所为如何？晏子指出，提拔贤德的人，授官给有才能的人，这就是他们治理国家的方法。并且指明求贤的方法：通过其友来观察他，通过其作为来评价他。我们一起看看晏子在文中如何阐释？

经典诵读

景公问晏子曰："莅[1]国治民，善[2]为国家者何如？"

对曰："观之[3]以其游，说之以其行，君无以靡曼辩辞[4]定其行，无以毁誉非议[5]定[6]其身，如此，则不为行以扬[7]声，不掩欲以荣君。故通[8]则视其所举，穷则视其所不为，富则视其所不取。夫上士，难进而易退也；其次，易进易退也；其下，易进难退也。以此数物者取人，其可乎！"

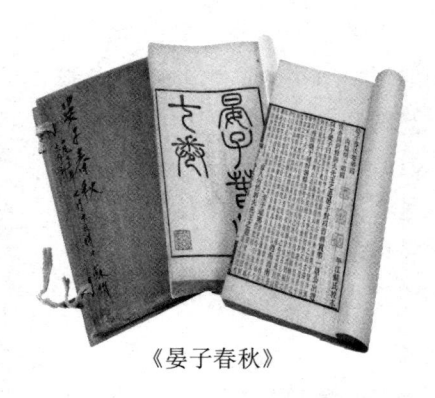

《晏子春秋》

——节选自《晏子春秋》

字词注释

[1] 莅，治理，管理。
[2] 善，善于。

[3]之,代词,代君王寻求的贤士。
[4]靡曼辩辞,华丽秀美的巧辩。
[5]毁誉非议,诋毁荣誉说坏话。
[6]定,判定。
[7]扬,张扬。
[8]通,通达。

文选释义

景公问晏子说:"治国管理民众,对国家善于作为的人怎样寻找?"

晏子回答说:"观察与他交游的人,听他言说观察他的行为,君主不要凭其华丽秀美的巧辩去判定一个人的品行,不要以别人的诽谤议论去判定一个人的好坏,这样,人们就不会用行为来张扬名声,不会掩盖欲望来迷惑君主。所以,他通达时就观察他所办的事,他失意时就观察他所不愿意做的事,他富裕时就观察他所不要的利益。那上等的读书人,难于进身而容易引退;其次的读书人,容易进身也容易引退;下等的读书人,容易进身而很难引退。用这几种方法选取人,就可以了。"

晏子与齐景公

选文赏析

《晏子春秋》是记载春秋时期齐国政治家晏婴言行的一部历史典籍,用史料和民间传说汇编而成,书中记载了很多晏婴劝告君主勤政,不要贪图享乐,以及爱护百姓、任用贤能和虚心纳谏的事例,成为后世人学习的榜样。晏婴自身也非常节俭,备受后世统治者崇敬。

走进齐文化 八

知识链接

晏婴（公元前578年至公元前500年），字仲，谥平，习惯上多称平仲，又称晏子。夷维人（今山东高密），春秋时期一位重要的政治家、思想家、外交家。晏婴是齐国上大夫晏弱之子。以生活节俭、谦恭下士著称。据说晏婴身材不高，其貌不扬。齐灵公二十六年（公元前556年）晏弱病死，晏婴继任为上大夫。历任齐灵公、庄公、景公三朝，辅政长达四十余年。以有政治远见、外交才能和作风朴素闻名诸侯。

齐景公（公元前547年至公元前490年），姜姓，吕氏，名杵臼，齐灵公之子，齐庄公之弟，春秋时期齐国君主。他的大臣中早期的相国有崔杼、庆封，后有相国晏婴、司马穰苴以及梁邱据等人。齐景公既有治国的壮怀激烈，又贪图享乐。作为君主，他不愿放弃其中的任何一个，与此相应，他的身边就必有不同的两批大臣，一批是治国之臣，一批是乐身之臣，齐景公也和历史上许多君主一样，运用如此的治国用人之道。

拓展活动

读一读《晏子春秋》中的经典语句，感受一下其中蕴含的哲理。

衣莫若新，人莫若故。——《晏子春秋·内篇杂上第五》
为者常成，行者常至。——《晏子春秋·内篇杂下二十七》
节欲则民富，中听则民安。——《晏子春秋·内篇问下第七》

【参考文献】《齐文化丛书·晏子春秋》齐鲁书社出版

第14课 《晏子春秋·卷四第十九》（节选）

选人才，古往今来都是一个难题。晏子认为，贤臣必须具备荐贤才、量功利、明贵贱、不夸功、不为私五个方面的标准。让我们一起走进《晏子春秋·卷四第十九》，看看晏子在文中是如何判断正士之义与邪人之行的吧。

经典诵读

叔向问晏子曰："正士之义[1]，邪人之行[2]，何如？"晏子对曰："正士处势[3]临众不阿私[4]，行[5]于国足养[6]而不忘故[7]；通则事上，使恤[8]其下，穷则教下，使顺其上；事君尽礼行忠，不正爵禄，不用则去而不议。其交友也，论身义行，不为苟戚[9]，不同则疏而不悱；不毁进于君，不以刻民尊于国。故用于上则民安，行于下则君尊；故得众上不疑其身，用于君不悖[10]于行。是以进不丧亡，退不危身，此正士之行也。

邪人则不然，用于上则虐民，行于下则逆上；事君苟进[11]不道忠，交友苟合不道行；持谀巧以正禄，比奸邪以厚养；矜[12]爵禄以临人，夸礼貌以华世；不任上则轻议，不笃于友则好诽。故用于上则民忧，行于下则君危，是以[13]其事君近于罪，其交友近于患，其得上

《晏子春秋》

辟于辱，其为生偾于刑，故用于上则诛，行于下则弑。是故交通[14]则辱，生患则危，此邪人之行也。"

——节选自《晏子春秋》

字词注释

[1] 义，德义。

[2] 行，德行。

[3] 势，权势，这里指高位。

[4] 阿（ā）私，徇私。

[5] 行，周游。

[6] 足养，这里指穷尽财用。

[7] 故，原则。

[8] 恤，体爱。

[9] 苟戚，苟且之事。

[10] 悖，违背。

[11] 苟进，这里是苟且求进的意思。

[12] 矜（jīn），自恃，自夸。

[13] 是以，因此。

[14] 交通，往来通达，这里指官场得意的意思。

叔向贺贫

文选释义

叔向问晏子说："正直之士的德义和邪僻之人的德行，什么样？"晏子回答说："正直之士居于高位统辖众人而不徇私，周游国家穷尽财用而不忘一贯的原则；显达时，事奉国君，使国君体爱下民；不得志时在下教化百姓，使百姓顺从上级；事奉国君竭尽礼义做事忠诚，不求爵禄，不被重用就离开而不会有非议；他交朋友讲究信义行事仁义，不做苟且之事，志不同

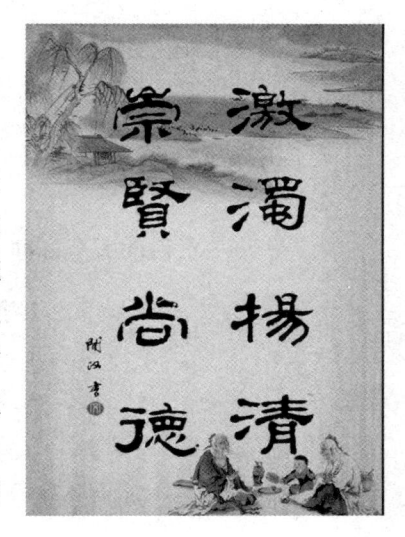

就疏远而不非议；不以谗言进身君侧，不凭借苛待百姓来取得尊位。所以被国君任用会使百姓安定，身处百姓中会使国君尊贵；所以，他们受到百姓拥护而国君不会猜疑，被国君重用百姓不会与他做对。因此，他们进身不会忘乎所以，引退不会危及自身，这就是正直之士的行为。

邪僻之士则不这样，被国君任用就虐待百姓，身处百姓中就违逆上司；事奉国君苟且求进而不行忠诚，交朋友苟同而不行仁义；凭借花言巧语求取禄位，勾结奸邪之人谋取优厚的待遇；自恃高官厚禄傲视众人，夸耀礼节来哗众取宠，不被任用就轻薄非议，与朋友道不同就非议其人；所以他们被任用百姓就遭了殃，身处百姓中国君就危险了。因此用他们事奉国君就接近祸殃，同他们交朋友就接近灾祸，他们得到高位行邪僻之事以违逆君意，他们治理百姓残酷而加重刑罚。所以，任用他们，他们就妄杀无辜；不任用他们，他们就会弑杀国君。所以，得意时违背君意，不得意时危害国家，这就是邪人的行为。"

选文赏析

《晏子春秋·卷四第十九》回答了"正士之义，邪人之行，何如？"的问题，晏子分别从多角度为君主分析了正直之士的德义和邪僻之人的德行的具体表现，古往今来，选拔任用都是治理国家的重中之重。

知识链接

贤臣的五个标准

晏子认为，贤臣必须具备荐贤才、量功利、明贵贱、不夸功、不为私五方面的标准。要看见好的一定通报上级，不私自得到利益，推荐贤人不为得名；量力就职，不靠不正当的手段求进；量功受禄，不靠不正当的手段求得利益；

地位高的为主,地位低的为次;不违背顺序;排列有才的和无才的,也不能乱了次序;肥活的土地,不归为私有;贤良的士人,不归为己用;君王采用他的建议,百姓得到他的好处,却不自己夸耀。

叔向简介

叔向(出生年不详,约卒于公元前528年或稍后),姬姓,羊舌氏,名肸,字叔向,又字叔誉,因被封于杨(今山西洪洞县),以邑为氏,别为杨氏,又称叔肸、杨肸。春秋后期晋国贤臣,政治家、外交家。出身晋国公族,历事晋悼公、平公、昭公三世,为晋平公傅、上大夫,叔向和晏婴、子产是同时代人,他不曾担任执晋国国政的六卿,但以正直和才识见称于时,留下了一些重要的政治见解和政治风范。公元前546年,叔向代表晋国与楚国达成了弭兵会盟,缓和了当时的形势。

叔向画像

拓展活动

说一说,利用网络查阅资料,小组讨论。

"良禽择木而栖,贤臣择主而事。"在中国古代历史长河中,涌现出了许多辅佐君主的贤臣名相、英雄将军,如心有七窍的比干、直言敢谏的魏徵、执法如山的包青天、刚直著名的海瑞……请同学们查资料收集我国古代治国贤臣的故事,与同学一起分享。

【参考文献】《齐文化丛书·晏子春秋》齐鲁书社出版

中华传统文化

第15课 《晏子春秋·卷四第二》

晏子认为，尽管齐桓公有嗜好饮酒作乐、爱好女色等过失，但其"大节"能以政令改变旧俗，能礼贤下士，任贤使能，因此，处理内政，人民亲附他；出兵征讨，诸侯畏惧他，所以能成就称霸诸侯的大业。那么我们一起看看齐桓公是怎样展现"大节"的呢？

经典诵读

景公问于晏子曰："昔吾先君桓公，善饮酒，穷乐[1]，食味方丈[2]，好色无别[3]，辟若此[4]，何以能率诸侯以朝天子乎？"

晏子对曰："昔吾先君桓公，变俗以政，下贤以身。管仲，君之贼[5]者也，知其能足以安国济功，故迎之于鲁郊，自御[6]，礼之于庙[7]。异日，君过于康庄[8]，闻宁戚[9]歌，止车而听之，则贤人之风也，举以为大田[10]。先君见贤不留[11]，使能不怠[12]，是以内政则民怀之，征伐则诸侯畏之。今君闻先君之过，而不能明其大节，桓公之霸也，君奚疑焉？"

齐桓公画像

——节选自《晏子春秋》

走进齐文化 八

字词注释

[1]穷乐,极力作乐。穷,尽。

[2]食味方丈,食品摆满了一桌子。方丈,一丈见方,极言菜肴丰盛。

[3]无别,没有亲疏之别。

[4]辟,邪僻,不正。

[5]君之贼,桓公当国君前,管仲辅佐公子纠,曾箭射桓公,射中衣带钩,所以这里说是"君之贼"。贼,指仇人。

[6]御,赶车。

[7]庙;宗庙。

[8]康庄,泛指四通八达的道路。

[9]宁戚,卫国人,为人挽车至齐,齐桓公拜为大夫。

[10]大田,官职名,弄官。

[11]留,遗漏。

[12]怠,怠慢。

管仲与鲍叔牙

文选释义

景公问晏子说:"从前先君桓公,喜好饮酒尽情欢乐,佳肴美酒摆满桌子,喜欢女色,没有亲疏之别,这样做邪僻之事,怎么能率领诸侯去朝拜周天子呢?"

晏子回答说:"从前先君桓公,用政令改变旧风俗,亲身礼贤下士。管仲,以前是桓公的仇敌,知道他能够足以安定国家成就功业,所以,在鲁国郊外迎接、礼待管仲。

管仲拜相

过一些日子,桓公路过康庄,听到宁戚唱歌,停车仔细听,那歌有贤人之风,便举荐他担任大田的职务。先君桓公见到贤人就不让他留在民间,使用能人不懈怠,因此,民众怀念国内的政治,诸侯害怕齐国的

中华传统文化

征伐。如今君主只听到先君桓公的过错，而不能明白先君桓公的大节，桓公称霸诸侯之事，君主怎么能怀疑呢？"

选文赏析

《晏子春秋·卷四第二》讨论齐桓公的知人善任，他能放心大胆任用贤能之人，即使是曾经用箭射伤他的管仲，他也放下架子拜管仲为仲父，并委以重任。如果不是他能任用贤人，恐怕他也就是个万人唾骂的昏乱之君。所以，看一个人，不能只看他的短处，更要看他的长处，看他的大节。

知识链接

春秋五霸之首——齐桓公

齐桓公（？—公元前643年10月7日），春秋五霸之首，公元前685年至公元前643年在位，春秋时代齐国第十五位国君，姜姓，吕氏，名小白。是姜太公吕尚的第十二代孙，是齐僖公禄甫的三儿子，其母为卫国人。在齐僖公长子齐襄公和僖公侄子公孙无知相继死于内乱后，公子小白与公子纠争位成功，即国君位为齐桓公。

桓公任管仲为相，推行改革，实行军政合一、兵民合一的制度，齐国逐渐强盛。

桓公于公元前681年在甄（今山东鄄城）召集宋、陈等四国诸侯会盟，是历史上第一个充当盟主的诸侯。当时中原华夏各诸侯苦于戎狄等部落的攻击，于是齐桓公打出"尊王攘夷"的旗号，北击山戎，南伐楚国，成为中原第一个霸主，受到周天子赏赐。但其晚年昏庸，管仲去世后，任用易牙、竖貂等小人，最终在内乱中饿死。

齐桓公称霸

智慧分享

"管鲍",是指公元前7世纪中国春秋时期的政治家管仲和鲍叔牙,他们俩是好朋友。管仲比较穷,鲍叔牙比较富有,但是,他们之间彼此了解、相互信任。管仲和鲍叔牙之间深厚的友情,已成为中国代代流传的佳话。在中国,人们常常用"管鲍之交"来形容自己与好朋友之间亲密无间、彼此信任的关系。

拓展活动

从管鲍之交谈开去,你认为在今天物欲横流的社会现实中,该怎样呵护自己的友情?提示:(各抒己见)

①作为朋友,像管仲这种占便宜的行为该如何评价。

②作为朋友,如何像鲍叔牙一样知友、助友、让友。

【参考文献】《国学经典·晏子春秋》企业管理出版社

中华传统文化

第16课 《晏子春秋·卷三第二十九》

晏子认为，统治国家、管理人民，忧虑的事情有三件：忠臣不受信任；受信任的臣子不忠；君臣之间离心离德。君臣同欲，古往今来都是一个难题，让我们一起走进《晏子春秋·卷三第二十九》，看看晏子是怎样论证"君臣同欲"的？

经典诵读

景公问晏子曰："临国莅民[1]，所患何也？"

晏子对曰："所患[2]者三，忠臣不信，一患也；信臣不忠，二患也；君臣异心，三患也。是以明君居上，无忠而不信，无信而不忠者。是故君臣同欲[3]，而百姓无怨也。"

——节选自《晏子春秋》

齐桓公问政图

字词注释

[1]莅民，管理人民。
[2]患，忧虑，担心。
[3]君臣同欲，君主和臣子所想相同，即君臣同心。

齐景公与晏婴

走进齐文化 八

文选释义

景公问晏子说:"统治国家治理民众,所担忧的是什么?"

晏子回答说:"所担忧的有三条,对忠臣不相信,这是第一种担忧;信任的臣子不忠诚,这是第二种担忧;君臣各怀不同的心思,这是第三种担忧。因此明白的君主居上位,没有忠臣不受信任,没有信任的臣子不忠诚。因此君臣有同样的欲望,而百姓就不会有怨恨。"

选文赏析

《晏子春秋·卷三第二十九》中所阐述的是"君臣同欲"的道理,君臣之间互相为国谋福祉,也要互相信任,国君假如怀疑忠臣,可能国家的危难就来了;国君信任忠臣,国家的福祉就来了,也就是"君臣之间必以信,而君民之间亦必以信"。

知识链接

齐景公三不知

齐景公在位的时候,大雪下了三天而不停,景公披着白色的狐皮裘衣,坐在殿堂侧边的台阶上。晏子进宫拜见景公,站了一会儿,景公说:"怪啊!大雪下了三天而天气竟然不寒冷。"

晏子回答说:"天气果真不寒冷吗?"晏子笑了笑。景公说:"我听说古代的贤德君王,吃饱的时候能知道有人在挨饿,穿暖的时候知道有人在受寒,安逸的时候知道有人在辛苦。现在君王不知道民间的疾苦啊。"

景公说:"说的对!我听从您的教诲了。"于是就下令拿出衣物和粮食,发放给饥寒交迫的人。命令凡看见路途时候有饥寒的人，不问他是哪个乡，看见在里间有饥寒的人，不问他是哪一家，巡行全国统计发放数字，不必报他们的姓名。已任职的发给两月救济粮，生病的发给两年救济粮。孔子听到这件事后说："晏子能够明白自己应做的事，景公能做他所高兴做的事。"

拓展活动

请同学们查阅资料，说一说。

  晏婴是中国历史上有重要历史文化价值的人物，在《晏子春秋》中提出：以民为本，重视民生疾苦；重视制度建设，强调责任意识；强调选贤授能，反对赏罚失中；重视修身，严格自律；充满智慧的行政方式和行为方式。晏婴的人生经历和智慧，在今天仍具有巨大的现实意义。请同学们结合着晏婴的主张和思想，谈一谈晏婴思想的现实价值和意义。

【参考文献】《齐文化丛书·晏子春秋》齐鲁书社出版

第五单元 《孙子兵法》

　　《孙子兵法》是中国古代汉族军事文化遗产中的璀璨瑰宝，汉族优秀传统文化的重要组成部分，其内容博大精深，思想精邃富赡，逻辑缜密严谨，是中国古代汉族军事思想精华的集中体现。

　　本单元将带领我们走进《孙子兵法》的殿堂，穿越千年，寻觅那根植于丰厚文化沃土上的战谋战略，在字里行间品味先哲深邃的智慧。

中华传统文化

第17课 《地形》节选（战争观）

你知道战争与军事地理有哪些关系吗？孙子从战略角度考察了六种主要地形，地形的分析和利用要靠将帅采取的措施和决断，才能把战争引向胜利。你会发现孙子的"知己知彼"思想在军事地形学上有具体体现。

经典诵读

孙子曰：地形有通者，有挂者，有支者，有隘者，有险者，有远者。我可以往，彼可以来，曰通；通形者，先居高阳[1]，利粮道，以战则利。可以往，难以返，曰挂；挂形者，敌无备，出而胜之；敌若有备，出而不胜，难以返，不利。我出而不利，彼出而不利，曰支；支形者，敌虽利我，我无出也；引而去之，令敌半出而击之，利。隘形者，我先居之，必盈之以待敌[2]；若敌先居之，盈而勿从[3]，不盈而从之。险形者，我先居之，必居高阳以待敌；若敌先居之，引而去之，勿从也。远形者，势均，难以挑战，战而不利。凡此六者，地之道也；将之至任，不可不察也。

——节选自《孙子兵法·地形篇》

字词注释

[1]先居高阳，先，指抢先。高阳，地势高而朝阳的地方。

[2]盈之以待敌:盈,充盈。盈之以待敌,在山间峡谷的"隘形"地带,我军抢先占据了有力地形必须用充盈的兵力堵住隘口,以等待敌军前来进攻。

[3]盈而勿从:"盈"指敌军兵力充盈。从,跟从,这里引申为进攻。盈而勿从,当敌军已用充足的兵力把守住山隘口时,我军就不能进行攻击。

文选释义

孙子说:地形有通、挂、支、隘、险、远六类。我们可以去,敌人可以来的地域叫作通;在通形地域,应抢先占据地势高而向阳的地方,并保持粮道畅通,这样与敌交战就有利。可以前进,不易返回的地域叫作挂;在挂形地域,敌军如无防备,就要突然出击战胜它;如果敌有防备,我出击不能取胜,就难以返回,于我不利。凡是我出击不利,敌出击也不利的地方,叫作支;在支形地区,敌人虽然利诱我,也不要出击;最好是带领部队假装离去,诱使敌军出兵一半时,我军再突然发起攻击,这样有利。在隘形地,我若先敌占据,就要用重兵堵塞隘口,等待敌人来攻;如果敌军已先我占据隘口,并以重兵据守,那就不要进击,若敌人没有用重兵据守隘口,就迅速攻取它。在险形地区,如我先敌占领,要占据地势高而向阳的地方侍击敌人;如果敌人已先占领,那就主动撤退,不要进攻它。在远形地区,双方势均力敌,不宜挑战,勉强求战,于我不利。以上六点,是关于利用地形的原则;这是将帅的重要责任,是不可不认真考虑研究的。

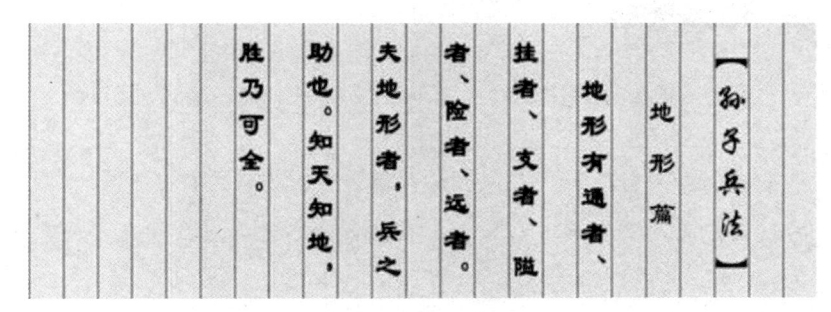

【孙子兵法】

地形篇

地形有通者、挂者、支者、隘者、险者、远者。

夫地形者,兵之助也。知天知地,胜乃可全。

中华传统文化

选文赏析

孙子用军事战略家的眼光对地形进行考察，归纳为"通""挂""支""隘""险""远"六种类型，同时具体分析了这六种地形对军队作战的利弊影响。这六种地形是最基本、最具有代表性的，孙子根据这些最基本的地形有针对性地提出了相应的作战方法，十分具有规律性色彩，所以孙子称其为"地之道"。

知识链接

孙武（约公元前535年—？），字长卿，汉族，中国春秋时期齐国乐安（今山东惠民，一说博兴，或说广饶）人。著名军事家。曾率领吴国军队大破楚国军队，占领了楚的国都郢城，几次想灭亡楚国。其著有巨作《孙子兵法》十三篇，为后世兵法家所推崇，被誉为"兵学圣典"，置于《武经七书》之首，被译为英文、法文、德文、日文，成为国际上最著名的兵学典范之书。

拓展活动

读一读《孙子兵法·地形篇》中的经典语句，感受一下其中蕴含的哲理。

> 地形有通者，有挂者，有支者，有隘者，有险者，有远者。
> 故兵有走者，有弛者，有陷者，有崩者，有乱者，有北者。凡此六者，非（天）（地）之灾，将之过也。
> 知彼知己，胜乃不殆；知天知地，胜乃不穷。

【参考文献】《齐文化丛书·齐兵书·稷下七子捃逸》齐鲁书社出版

走进齐文化 八

第18课 《谋攻》节选（战略论）

战争是敌我双方实力的抗争。对抗所能实现的最高标准是以智谋取胜，兵不血刃。最佳战果是征服完整的敌国和它的军队。走近孙子的《谋攻》，你会发现在战争中用智谋战胜敌人的思想尤为重要。

经典诵读

孙子曰：夫用兵之法，全国为上，破国次之；全军[1]为上，破军次之；全旅为上，破旅次之；全卒为上，破卒次之；全伍为上，破伍次之。是故百战百胜，非善之善者也；不战而屈人之兵，善之善者也。

……

故善用兵者，屈人之兵而非战也，拔人之城而非攻也，毁人之国而非久也，必以全争于天下，故兵不顿[2]，而利可全，此谋攻之法也。

——节选自《孙子兵法·谋攻篇》

字词注释

[1]全军，军，春秋时期的军队编制，每军为12500人。旅，春秋时期军队的编制，每旅为500人。卒，春秋时期军队的编制，每卒为100人。伍，春秋时期军队的编制，每伍为100人。

[2]顿，通"钝"，疲惫、挫折。

文选释义

孙子说：大凡用兵的原则，使敌人举国屈服，不战而降是上策，击破敌国就次一等；使敌全军降服是上策，打败敌人的军队就次一等；使敌人一个"旅"的队伍降服是上策，击破敌人一个"旅"就次一等；使敌人全"卒"降服是上策，打败敌人一个"卒"的队伍就次一等；使敌人全"伍"投降是上策，击破敌人的"伍"就次一等。因此，百战百胜，不算是最好的用兵策略，只有在攻城之前，先让敌人的军事能力（包括指挥能力和作战能力）严重短缺，根本无力抵抗，才算是高明中最高明的。

……

因此，善于用兵的人，使敌人屈服而不是靠战争，攻取敌人的城池而不是靠硬攻，消灭敌国而不是靠久战，用完善的计策争胜于天下，兵力不至于折损，却可以获得全胜，这就是以谋攻敌的方法。

选文赏析

《谋攻》篇主要论述了如何进攻敌国的问题。孙子主张以尽可能小的代价，去取得最大的成功，即力求不战而胜，不靠硬攻而夺取敌城，不需久战而毁灭敌国。

走进齐文化 八

所以,为实现这一目标,他就特别强调以谋略取胜,指出:用兵的上策首先是以政治谋略取胜,其次以外交手段取胜,再次是使用武力取胜,下策才是攻城。

知识链接

孙武的故事

孙武不仅是一位伟大的军事家,而且还是一位很有远见的政治家。他认为减轻百姓的负担,团结人民,发展生产,是使国家强盛和巩固的必要条件。吴王阖闾三年,吴王决定向长江中游发展以扩大统治范围,成就霸业。吴王向孙武征求意见,孙武献策说,大凡行兵之法,在于先除内患,而后方可外征。这次如果向西征伐,首先应先除掉两公子。吴王阖闾四年,吴军出其不意,攻其不备,占领了楚国的一些地方。不久,又攻占了楚国的居巢。

在吴楚之战中,孙武指挥吴军,仅用三万主力,就击败了楚国二十万大军,五战五捷,同时占领了楚国国都郢。国家实力大增,吴国开始向中原霸主挑战。在吴国称霸中原的过程中,身为主将的孙武确实建立了不朽的功勋。从吴国阖闾三年算起,孙武在吴国带兵三十年,对吴国的强盛和称霸起了巨大的作用。后来,阖闾的儿子夫差即位。夫差是位昏君,孙武便退隐山林,寿终正寝。

拓展活动

兵学是中国传统文化的重要组成部分之一,历史上有许多像孙武一样用兵如神的杰出将领,有数不清的经典案例。请同学们利用网络或者阅读书籍了解一下有关使用计谋的故事,和最要好的朋友举行故事沙龙,相信你的收获会更大。

【参考文献】《齐文化丛书·齐兵书·稷下七子捃逸》齐鲁书社出版

中华传统文化

第19课 《计》节选（战术论）

本篇是孙子军事思想的概述，揭示了战争的本质和规律，是全书的总纲。它创造性地从战略角度论述战争。它开宗明义地指出战争关系到人民的生死、国家的存亡，不可不重视，不可不考察。其深意在于不得已而战时，也必须周密谨慎地谋划。

经典诵读

孙子曰：兵[1]者，国之大事，死生之地，存亡之道，不可不察也。

故经[2]之以五事，校[3]之以计而索其情：一曰道，二曰天，三曰地，四曰将，五曰法。道[4]者，令民与上同意也，故可与之死，可与之生，而不畏危。天者，阴阳、寒暑、时制也。地者，高下、远近、险易、广狭、死生也。将者，智、信、仁、勇、严也。法者，曲制[5]、官道[6]、主用[7]也。凡此五者，将莫不闻，知之者胜，不知者不胜。故校之以计而索其情，曰：主孰有道？将孰有能？天地孰得？法令孰行？兵众孰强？士卒孰练？赏罚孰明？吾以此知胜负矣。

——节选自《孙子兵法·始计篇》

字词注释

[1]兵，兵士、兵器、军队、军事，此指军事。

[2]经，经度，引申为分析、研究。

[3]校，作动词，较量、比较。

[4]道，道理、道路。这里可引申为治国的路线或方针政策。

[5]曲制，曲，指古代军队编制较小的单位，曲制即军队的编制。

[6]官道，官，指军队中的各级指挥员，官道即指对军队各级将领的职责划分和管理形式、管理制度。

[7]主用，主，主持，这里可解释为掌管。用，费用，这里指军队的物资费用。主用，就是指对军队后勤军需的管理。

文选释义

孙子说：战争是国家的大事，它关系到百姓的生死，国家的存亡，不能不认真地思考和研究。

因此，要通过对敌我五个方面的情况进行综合比较，来探讨战争胜负的情形：一是政治，二是天时，三是地势，四是将领，五是制度。政治，就是要让民众和君主的意愿一致，战时他们才会为君主去死，不存二心。天时，就是指昼夜、晴雨、寒冷、炎热、季节气候的变化。地势，就是指高陵洼地、路途远近、险隘平坦、进退方便等条件。将领，就是指挥者所具备的智慧、诚信、仁爱、勇猛、严明等素质。制度，就是军制、军法、军需的制定和管理。凡属这五个方面的情况，将领都不能不知。充分了解这些情况的就能取胜，相反就会作战失败。此外，还要通过比较双方的具体条件来探究战争胜负的情形，即双方君主哪一方施政清明？哪一方将帅更有才能？哪一方拥有更好的天时地利？哪一方军纪严明？哪一方兵力强大？哪一方士卒训练有素？哪一方赏罚分明？通过这些分析比较就能够判断谁胜谁负了。

中华传统文化

选文赏析

在《计篇》中孙子高屋建瓴地提出了"兵者,国之大事,死生之地,存亡之道,不可不察也"。在作战之前必须加以考察和研究。但是,从何考察和研究呢?孙子指出"一曰道,二曰天,三曰地,四曰将,五曰法"。在战争之前要先谋划好,对各种情况进行分析比较,强调"先计后战",具有全局的作用。

知识链接

曹操在《孙子略解》的自序中曾写道:"吾观兵书战策多矣,孙子所著深矣。"
唐太宗李世民评论:"朕观诸兵书,无出孙武。"

古今中外的军事家们都使用其中论述的军事理论来指导战争,而且其中论述的基本理论和思想还被运用到了现代经营决策和社会管理方面。由此可以看出:《孙子兵法》既是一部军事经典著作,又是一部光辉的哲学著作,是我国灿烂的古代文化中一份珍贵的遗产。孙子在书中揭示的一系列具有普遍意义的军事规律,不仅受军事学家所推崇,在经济领域、领导艺术、人生追求甚至家庭关系等方面,也有着千丝万缕的联系。

拓展活动

明代人茅元仪在评价《孙子》一书时说:"前孙子者,孙子不遗;后孙子者,不能遗孙子。"中国近代民主革命家孙中山先生曾评价《孙子兵法》:"就中国历史来考究,二千多年的兵法,有十三篇,那十三篇兵书,便成立为中国的军事哲学。"请你对《孙子兵法》的理解制作成书签,与大家一起分享你的收获,相信你的见解会很独特。

【参考文献】《齐文化丛书·齐兵书·稷下七子捃逸》齐鲁书社出版

走进齐文化

第20课 《虚实》节选（战术论）

本篇主要论述虚实的意义在于如何调动集结军队，使敌虚而我实，形成以多敌少的形式。在战争中要争取主动地位，促使虚实转化，改变敌我力量对比，机密从事，使敌人兵力分散，我兵力集中，不被察觉，出其不意进击敌方。

经典诵读

孙子曰：凡先处战地而待敌者佚，后处战地而趋战[1]者劳，故善战者，致人而不致于人[2]。能使敌人自至者，利之也；能使敌人不得至者，害之也，故敌佚能劳之，饱能饥之，安能动之。出其所不趋，趋其所不意。行千里而不劳者，行于无人之地也。

攻而必取者，攻其所不守也；守而必固者，守其所不攻也。故善攻者，敌不知其所守；善守者，敌不知其所攻。微乎微乎[3]，至于无形。神乎神乎，至于无声，故能为敌之司命。进而不可御者，冲其虚[4]也；退而不可追者。速而不可及也。故我欲战，敌虽高垒深沟，不得不与我战者，攻其所必救也；我不欲战，画地而守之，敌不得与我战者，乖其所之也。

——节选自《孙子兵法·虚实篇》

中华传统文化

字词注释

[1]趋战，趋，快步而行。趋战，仓促应战。

[2]致人而不致于人，致，招致。人，这里指"敌人"。致人，招致敌人，可引申为调动敌人。致于人，被敌人所调动。致人而不致于人，能调动敌人而自己却不被敌人所调动。

[3]微乎，微，微妙。乎，语气词。

[4]冲其虚，冲，冲击。虚，空虚，这里指防守薄弱。冲其虚，冲击敌军防守空虚的地方。

文选释义

孙子说：凡先到战地，等待敌人的就从容、主动；后到战地，仓促应战的就疲劳、被动。所以，善于指挥作战的人，能调动敌人而不被敌人所调动。能使敌人自己来上钩的，是以小利引诱的结果；能使敌人不能到达其预定地域的，是以各种方法阻碍的结果。所以，敌人休整得好，能设法使它疲劳；敌人给养充分，能设法使它饥饿；敌军驻扎安稳，能够使它移动。出兵要指向敌人无法救援的地方，行动要在敌人意料不到的方向。行军千里而不疲困的，是因为行进在没有敌人及其没有设防的地区。

进攻必然得手的，是因为攻击敌人不注意防守或不易守往的地方；防守必然巩固的，是因为扼守敌人不敢攻或不易攻破的地方。所以，善于进攻的，能使敌人不知怎样防守；善于防御的，敌人不知道怎样进攻。微妙呀！微妙到看不出一点形迹；神奇呀！神奇到听不出一点声息。这样，就能主宰敌人的命运。前进时，敌人无法抵御的，是因为冲击敌人空虚的地方；退却时，敌人无法追及的，是因为退得迅速使敌人追赶不上。所以，我若求战，敌人即使坚守深沟高垒，也不得不出来与我交战，是由于进攻敌人所必救的地方；我若不想交战，即使画地而守，敌人也无法和我交战，是因为我设法改变了敌人的进攻方向。

走进齐文化 八

选文赏析

《虚实》是一篇妙语连珠的佳作,主要论述在作战指导上必须"避实而击虚"。无论什么时候我们都应该清楚地了解敌方的人马情况、思想状况以及战争会在哪里打响。而不能让敌方了解我们这些东西,这就需要我们虚实结合,让敌人摸不着头脑,使得一切都在我们的掌握之中,主动灵活地争取战争的胜利。

知识链接

《孙子兵法》是世界上最早的一部军事理论著作,比欧洲克劳塞维茨(Clausewitz)写的《战争论》(On War)还早两千三百年。《孙子兵法》是中国古典军事文化遗产中的璀璨瑰宝,是中国优秀文化传统的重要组成部分。它在中国被奉为兵家经典,后世的兵书大多受到它的影响,尤其对中国的军事学发展影响深远。它所阐述的谋略思想和哲学思想被广泛地运用于军事、政治、经济等各领域中。其内容博大精深,思想精邃富赡,逻辑缜密严谨。它也被翻译成多种语言,在世界军事史上也具有重要的地位。

拓展活动

临淄历史悠久,文化灿烂,名人辈出,有着丰厚的文化底蕴和文化资源。通过小组合作的方式分别对部分名人做进一步的了解,感悟名人身上的优良品质,并通过一定的形式展示出本小组的发现和收获。在小组竞赛中感悟诸多家乡名人的魅力及他们优秀的品质,思考自己成长中的问题,汲取营养,获得启示,找寻成长的方向,获得成长的动力。相信通过此次活动,你对名人的理解会更深刻。

【参考文献】《齐文化丛书·齐兵书·稷下七子捃逸》齐鲁书社出版

第六单元

稷下论坛

两千三百多年前，稷门之下，千名贤士坐而论道，成为一时的风景。

时光荏苒，追忆当年风华，善于辩论的名家和纪律严密的墨家，给我们留下了深刻的印象、久远的影响。本单元将带领同学们领略这些圣贤的思想，感悟一种朴素的情怀。

走进齐文化 八

第21课 尹文子·大道上（节选）

春秋战国时期，思想自由，学术繁荣，百家争鸣。能言善辩的尹文子以其洋洋洒洒的言论，在中国的教育文化史中留下了最光辉灿烂的一笔，就让我们一起走进他的代表作《尹文子》去感受一番吧。

经典诵读

大道无形[1]，称[2]器有名[3]。名也者，正形者也。形正由名，则名不可差。故仲尼云："必也正名[4]乎！名不正，则言不顺也。"

大道不称[5]，众有必名。生于不称，则群形自得其方圆[6]。名生于方圆，则众名得其所称也。

大道治者，则名、法、儒、墨自废。以名、法、儒、墨治者，则不得离道。

——节选自《尹文子·大道上》

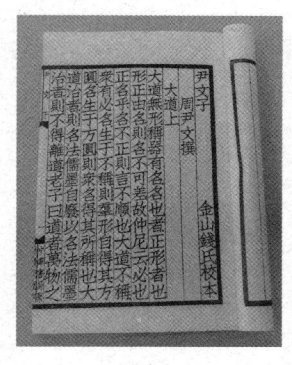

《尹文子·大道上》

字词注释

[1]形，形状。
[2]称，相称。
[3]大道无形，称器有名在《周易·系辞传上》云："形而上者谓之道，形而下者谓之器。"

[4]名，名分。

[5]不称，无法以名相称。

[6]方形与圆形，亦泛指事物的形体、性状。

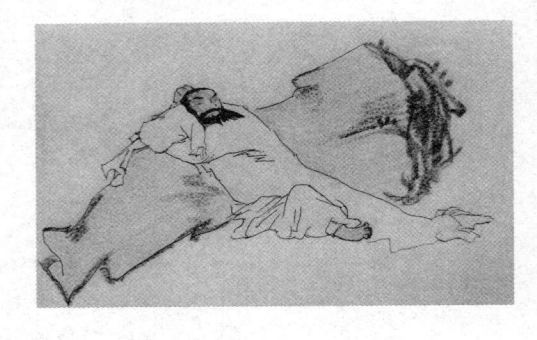

文选释义

大道没有具体的形状，有形状的事物都有相应的名称。名称是判定客观事物的依据。正因为判定客观事物的依据取决于名称，那么名称是不能有差错的。所以，孔子说："一定要纠正不恰当的名分。名分不正，说起话来就不顺当。"

大道没有相应的名称，万物一定有相应的名称。从没有名称的大道中产生出来的万物，都具备各自的形状特征。由于名称产生于各种形状的事物中，那么众多的名称应当与各种具体事物相对应。

用大道治理国家，那么名家、法家、儒家、墨家的学说自然就会被废弃。而用名家、法家、儒家、墨家的学说治理国家，也不能离开大道。

选文赏析

《尹文子·大道上》主要论述形名理论，为研究中国逻辑思想史者所重视，以上文字就阐述了"形"与"名"的关系，除此之外，《尹文子》还善于运用寓言说理，很有趣味。其中讲一个人，给儿子取名"盗"和"殴"，结果挨了一顿打。从中也可以看出"名"的重要性了，当然，这个有趣的故事也让我们见识了古人的调皮之处，这也是一得吧。

走进齐文化 八

知识链接

1. 尹文(约公元前350年到公元前285年)：又称尹文子，战国中期齐国思想家。齐宣王时在齐国都城临淄稷下学宫讲学。他强调名实一致和法治。

2. 《尹文子》，旧列名家，今本仅一卷，分《大道》上下两篇，语录与故事混杂，各段独立成文。上篇论述形名理论，下篇论述治国之道，可以看作是形名理论的实际运用。其思想特征以名家为主，综合道法，也不排斥儒墨。自道以至名，由名而至法，上承老子，下启荀子、韩非。《尹文子》的形名论思想为研究中国逻辑思想史者所重视，其对语言的指称性与内涵等关系的思考颇值得玩味。

文章善于运用寓言说理，虽然不如"白马非马"有名，但是却很有趣味，《尹文子》善于运用寓言说理，趣味盎然。如《康衢长者》，说的是康衢给仆人取名"善搏"，叫他的狗"善噬"，吓得他的朋友都不敢进他的家门。康衢很奇怪，于是问他的朋友为什么这样，朋友们会说你的仆人和狗那么凶狠，又会搏又吃人的，谁敢进去啊，康衢只好把仆人和狗的名字给改了，朋友们这才敢去他家做客。

尹文子

拓展活动

读一读《尹文子·大道上》中的经典语句，感受一下其中蕴含的哲理。

> 悦其名而丧其实。
> 有形者必有名，有名者未必有形。
> 圆者之转，非能转而转，不得不转也；方者之止，非能止而止，不得不止也。

【参考文献】《齐文化丛书·齐兵书·稷下七子捃逸》齐鲁书社出版

中华传统文化

第22课 尹文子·大道下（节选）

"仁义礼乐名法刑赏，凡此八者，五帝三王治世之术也。"这是《尹文子·大道下》中非常著名的观点，也形成了战国时期形名学的特点，让我们一起走进《尹文子·大道下》看看作者是如何阐述的吧。

经典诵读

　　仁、义、礼、乐、名、法、刑、赏，凡此八者，五帝三王治世之术也。故仁以道之，义以宜[1]之，礼以行之，乐以和[2]之，名以正之，法以齐之，刑以威之，赏以勤之。故仁者所以博[3]施于物，亦所以生偏私；义者所以立节行[4]，亦所以成华伪[5]；礼者所以行恭谨，亦所以生惰慢；乐者所以和情志[6]，亦所以生淫放；名者所以正尊卑，亦所以生矜篡[7]；法者所以齐众异[8]，亦所以乖名分[9]；刑者所以威不服，亦所以生陵暴；赏者所以劝忠能，亦所以生鄙争[10]。凡此八术，无隐于人而常存于世，非自显于尧、汤之时，非自逃[11]于桀、纣之朝。用得其道，则天下治；用失其道，则天下乱。

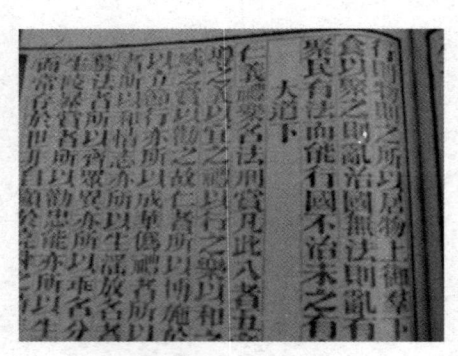

　　　　　　　　　——《尹文子·大道下》

《尹文子·大道下》

走进齐文化 八

字词注释

[1]宜，得宜。

[2]和，和谐。

[3]博，广泛。

[4]节行，节操行为。

[5]成华伪，造成虚浮、诈伪，即弄虚作假。

[6]情志，情感意志。

[7]衿纂，骄矜篡夺。

[8]齐众异，统一众人的言行，使之合于法规。

[9]乖名分，违背尊卑的名分。

[10]鄙争，贪鄙的争夺。

[11]非自逃，并非这些东西自己跑掉。

《四部备要》中华书局聚华珍仿宋版印

文选释义

仁、义、礼、乐、名、法、刑、赏，这八种是五帝、三王治理天下的方法。所以用仁来引导百姓，用义来适应百姓，用礼来督促百姓施行，用乐来调和百姓的性情，用名来纠正名不符实及名实脱离的现象，用法来规范百姓的行为，甩刑罚来威慑百姓，用奖赏来勉励百姓。因此，用仁可以广泛地施惠于人，但也能使人产生偏爱之心；用义可以使人确立好的节操与品性，但也能使人产生浮华虚伪之心；用礼可以使人的行为恭敬谨慎，但也能使人产生懒惰怠慢之心；用乐可以调和人们的性情与心志，但也能使人产生淫乱放纵之心；用名可以端正尊卑贵贱的等级地位，但也能使人产生骄傲与篡权之心；用法可以统一众多的分歧，但也能使人产生破坏名分之心；用刑罚可以威慑不肯顺服的人，但也能使人产生欺上凌下之心；用奖赏能勉励忠贞贤能的人，但也能使人产生鄙陋纷争之心。这八种治国手段，对谁都毫无隐瞒，时常存在于人世之间，它并不因为有唐尧、商汤这样的圣君当权而自动显现，也不因为有夏桀、商纣这样的暴君当权而隐匿逃蔽。能够恰当地运用这八种方法，国家就会得到治理；不能恰当地运用这八神方法，国家就会出现混乱。

选文赏析

《尹文子》指出："仁义礼乐名法刑赏，凡此八者，五帝三王治世之术也。"然此八者皆具有两重性，"用得其道则天下治，失其道则天下乱"。欲要得其道而不失其道，便须以法为准，而以法为准的前提则是正名，"名正而法顺"。

知识链接

宣王好射

周宣王喜欢射箭，并且喜欢别人称赞他的臂力过人，能用强弓。其实他用的弓，不过三石的力气就能拉开。

他把这张弓交给左右的人传看。左右的人都试着拉，但只把弓拉到一半，就装着拉不动的样子，恭维地说："这张弓没有九石的力气拉不开。除了大王以外，谁还能够使用这张弓呢？"

周宣王听了，非常得意。

虽然他所用的弓不过三石，但直到死他仍以为他用的弓是九石。三石是实际，九石是虚名。周宣王喜欢图虚名而脱离了实际。

黄公好谦卑

齐国有个叫黄公的人，喜欢谦虚。他有两个女儿，都是全国少有的美女，因为她们很美，黄公就常用谦辞贬低她们，说是丑陋不堪。结果因为丑陋的名声传得很远，以致她们过了订婚的年龄也没有来聘娶的人。

走进齐文化 八

　　这时，卫国有一个老光棍儿冒冒失失地迎娶了黄公的大女儿，才知道黄公的女儿是绝色佳人。以后老光棍儿逢人就说："黄公喜欢谦虚，故意贬低女儿，说她们长得不美。因此，我妻子的妹妹也一定长得很美。"

　　于是，人们争着向黄公送聘礼来求婚他的小女儿，果然，他的小女儿也是一个漂亮无比的美人。

　　寓意：谦虚是美德，但过分谦虚便会脱离实际，适得其反，造成与自己愿望相反的结果。

拓展活动

《尹文子》善于运用寓言说理，你能查阅资料，找出几个出自本书的寓言故事来，讲给你的弟弟妹妹听

【参考文献】《齐文化丛书·齐兵书·稷下七子捃逸》齐鲁书社出版

中华传统文化

第23课 宋子辑"故夫知效一官"（节选）

春秋战国时期，有这样一个人，奔波于各国的摩擦战火中，上说下教，惟愿天下之安宁，以活民命。生活中，他却不累于俗，不饰于物，他就是宋钘。让我们一起走进他的只言片语，沐浴他思想的精华吧。

经典诵读

故夫知效[1]一官，行[2]比一乡，德合[3]一君，而征一国者，其自视也，亦若此矣。而宋荣子[4]犹然笑之。且举世誉之而不加劝，举[5]世非[6]之而不加沮，定[7]乎内外之分，辩乎荣辱之境[8]，斯已矣。彼其于世，未数数[9]然也。虽然，犹有未树也。

——节选自《庄子·逍遥游》

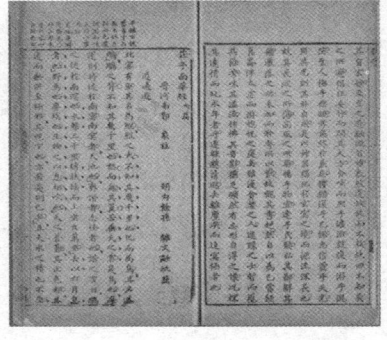

《庄子》

字词注释

[1]效，效力，尽力。
[2]行（xíng），品行。
[3]合，使……满意。
[4]宋荣子，一名宋钘，宋国人，战国时期的思想家。

宋荣子

[5]举,全。

[6]非,责难,批评。

[7]定,认清。

[8]境,界。

[9]数数(shuò)然,汲汲然,指急迫用世、谋求名利、拼命追求的样子。

文选释义

所以说那些才智能胜任他的官职的人,品行能符合乡人心意的人,德性合乎国君的要求而又能取信百姓的人,他们对自己的看法,和它(池塘中的麻雀)是一样的。只有宋钘嗤笑他们。宋荣子这样的人,整个世界都在赞誉他,他不会感到激励,整个世界都在非议他,他也不会感到沮丧,能确定内心和外在的区别,能分辨荣誉和耻辱的界限,不过如此而已。他对于世俗的功利,没有去急切地追求。即使如此,仍有更高的境界未曾达到。

老子

选文赏析

《逍遥游》是《庄子》一书的第一篇,它的中心思想是:人应当不受任何束缚,自由自在地活动。其中宋子"犹然笑之",即讥笑那些"至人"为功名利禄所累,这正是宋钘"情欲固寡"的体现,也正好契合了庄子"逍遥"的人生观。

知识链接

忘我之境

有个普通的木匠叫梓庆,他平时帮人家做的就是祭祀时挂钟的架子。虽然这是个

中华传统文化

很简单的活,但他做出来的架子,人人见后惊为鬼斧神工,觉得那上面野兽的形状,宛如真正的走兽一般栩栩如生。

后来当地的国君知道他的手艺之后,专门唤他来问其中的窍诀。梓庆很谦虚,他说:"我一个木匠,哪有什么窍诀啊。如果你一定问,我就跟你说说:无非是我在做任何一个架子之前,首先要守斋戒,让自己的心静下来。在斋戒的过程中,到第三天的时候,我可以'忘利',把那些为自己得到功名利禄的念头全部扔掉;到了第五天的时候,我可以'忘名',别人对我赞叹也好、诽谤也罢,我都已经不在乎了;到了第七天的时候,可以达到'忘我'之境。有了这样的心态,我就拿上斧子进山。进山以后,因为我的心很清净,哪些木头天生长得像野兽,一眼就会看到,然后把木头砍回来,随手一加工,它就成为现在的样子。我做的事情无非是以天合天,这就是我的窍诀。"

智慧分享

我们做事不成功,要么是为名,要么是为利,要么是为自己的事情,有了这些障碍以后,心就静不下来,言行举止也跟着左右摇摆,甚至跟别人吵架争执。但若行为如理如法,就像日月在空中自由运行一样,我们可以逍遥自在地承办世间和出世间的一切事业,不会遭遇任何违缘。

拓展活动

1. 读一读:《咏宋钘与尹文》是山东大学黄玉顺教授写的赞美宋钘和尹文子的一首诗,读读看,你有哪些收获。

咏宋钘与尹文

宋钘宋钘道可观,稷下黄老开论坛。
宽恕之言宋荣子,均平之意华山冠。
情欲寡浅为内里,禁功寝兵为外端。

走进齐文化 八

又有尹文亦止兵,刑名法术语多精。
夫有名者未必形,而有形者必有名。
名正则治丧则乱,圣人寡为天下清。
二人同游在齐宣,宋尹学派天下传。
别宥为始接万物,见侮不辱志不迁!

2. 说一说

> 庄子认为,宋钘就是一个忘却物我,无欲无求,自由自在的"逍遥游"。今天我们却在强调"法治",即用法律来约束人们的行为,这不是互相矛盾吗?说说你的看法。

【参考文献】《齐文化丛书·齐兵书·稷下七子捃逸》齐鲁书社出版

中华传统文化

第24课 宋子辑"不知壹天下"（节选）

宋钘提出，"接万物以别宥为始"，即去除认识上的障蔽或偏见，然而，同是稷下名士的荀子却不赞同，让我们一起走进《荀子·非十二》看看吧！

经典诵读

不知壹[1]天下、建国家之权称[2]，上[3]功用、俭约而僈[4]差等，曾不足以容辨异、县[5]君臣；然而其持之有故，其言之成理，足以欺惑愚众。是墨翟[6]、宋钘也。

——节选自《荀子·非十二子》

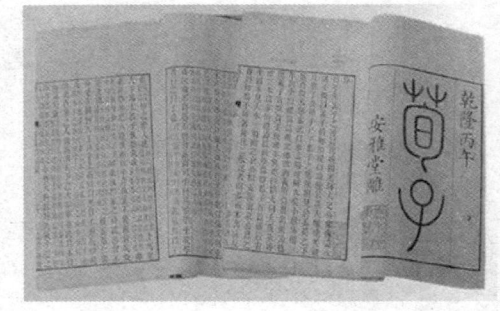

《荀子》

字词注释

[1]壹，统一。

[2]权称，指准则。这里指礼。

[3]上，同"尚"，崇尚。

[4]僈(màn)，轻视。

[5]县，同"悬"。

[6]墨翟，墨子，战国鲁国人。墨家创始人。

走进齐文化 八

文选释义

（有一种人）不懂得统一天下、建立国家的法度，崇尚功利实用，重视节俭而轻慢等级差别，甚至不容许人与人间有分别和差异的存在，也不让君臣间有上下的悬殊。但是，他们立论时却有根有据，他们解说论点时又有条有理，足够用来欺骗蒙蔽愚昧的民众。墨翟、宋钘就是这样的人。

稷下学宫学士图

选文赏析

《荀子·非十二》是荀子对先秦各学派代表人物它嚣、魏牟、陈仲、史鱼䲡、墨翟、宋钘、慎到、田骈、惠施、邓析、子思、孟轲十二人作的批判，并宣称世间只有孔子的学说最为正确，只有舜禹之治最理想，所以，当今的圣人要学习他们，去除邪说，弘扬"圣王之迹"。

知识链接

愿天下人都好

不受流俗所牵累，不因外物而矫饰，不对人提出苛严的的要求，不背违众人的心情，但愿天下太平无事，人人都能糊口养生，自己和他人生存条件能够得到保证也就心满意足，并且以此来剖白自己的心迹。

宋钘、尹文听闻这方面的遗风并且热衷于这方面的活动。

中华传统文化

  他们戴着特制的华山之形的帽子来表白上下均平的信念，应接外物总是先清除掉各式各样的界说和成见，他们常说："只希望准备五升米的饭食就完全足够了！"他们中的师长恐怕都不能吃饱，弟子们就是忍饥挨饿，也不忘怀天下的事务。他们无日无夜地为世人奔波，说："我们大家都得生存下去啊！"

  那高大的样子确实是救世的人啊！

拓展活动

1. 连一连，请查找工具书，将下列学派与代表人物和著作对应连线。

儒家	孙武	《荀子》
道家	荀况	《孙子兵法》
墨家	庄周	《韩非子》
法家	尹伊	《宋子辑》
兵家	宋钘	《尹文子》
名家	韩非	《庄子》

2. 谈一谈："光盘"行动正在如火如荼地进行，它倡导勤俭节约，反对铺张浪费，但作为稷下学宫三次祭酒的荀子，却反对实用、节俭的做法，请谈谈你的看法。

荀子像

【参考文献】《齐文化丛书·齐兵书·稷下七子捃逸》齐鲁书社出版

第七单元 齐国史传散文

历史散文是指记述历史人物的思想活动、历史事件为主的散文著作,如《左传》《国语》《战国策》《史记》等。这些著作中不乏记录齐国历史的散文,内容真实地再现了当时齐国的历史史实,让我们阅读这一单元,走进齐国历史,领略齐国谋臣策士的智慧,感受齐国明君的风范。

中华传统文化

第 25 课　史记·齐太公世家（节选）

《史记》是由汉代的司马迁编写的中国历史上第一部纪传体通史。历朝正史皆采用这种体裁撰写。《史记·齐太公世家》讲述了西周和春秋时期姜齐约八百年的兴衰史。其中的文字生动，叙事的形象性成就最高。

经典诵读

十三年，山戎伐[1]燕，燕告急于[2]齐。

齐桓公救燕，遂[3]伐山戎，至于孤竹而还。燕庄公遂送桓公入齐境。桓公曰："非天子，诸侯相送不出境，吾不可以无礼于燕。"于是分沟割燕君所至与燕，命燕君复修召公之政，纳贡[4]于周，如成康之时。

诸侯闻之，皆从[5]齐。

——节选自《史记·齐太公世家》

齐桓公

字词注释

[1]伐，侵伐。
[2]于，向。

[3] 遂，于是，就。
[4] 纳贡，进贡。
[5] 从，服从。

文选释义

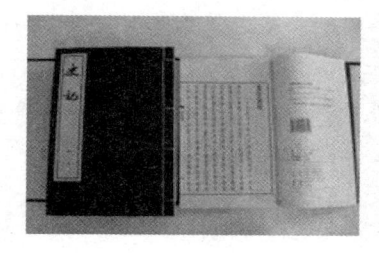

《史记》

二十三年（公元前 663 年），山戎侵伐燕国，燕向齐国告急。齐桓公派兵救燕，接着讨伐山戎，到达孤竹后才班师。燕庄王又送桓公进入齐国境内。桓公说："除了天子，诸侯之间相送不出自己国境，我不能对燕无礼。"于是把燕君所至的齐国领土用沟分开送给燕国，让燕君重修召公之政，向周王室进贡，就像周成王、康王时代一样。诸侯闻知后，都服从齐国。

选文赏析

《史记》善从生活中的历史现实出发，把握历史人物的复杂心理，加以真实再现。如齐桓公，在本文中作者极力写其机智果断，从谏如流，重义守信；在另外一些文段中也写了他晚年骄傲固执，好大喜功。

知识链接

《齐太公世家》记载了姜姓齐国自西周初年太公建国起，至公元前 379 年齐康公身死国灭，总计近千年的历史。

姜姓齐国，是春秋时期我国中原的一个重要诸侯国。在地理上有着良好的自然条件，自开国以来又十分注重发展经济，管仲相齐后，又"连五家之兵，设轻重鱼盐之利"，为齐国发展打下了良好的

物质基础。到齐桓公时，齐国终成为大国争霸斗争中的第一个霸主，一个名副其实的泱泱大国。

自桓公去世，齐国渐趋衰落。一方面由于姜姓公室旧贵族日益腐败；另一方面由于统治阶级内部斗争日益激烈，尤其经过崔杼、庆封之乱，大伤元气，终于被新兴的贵族集团田氏所替代。

拓展活动

读一读：

以铜为镜，可以正衣冠；以古为镜，可以知兴替；以人为镜，可以明得失。

用铜作镜子，可以摆正衣服和帽子；用历史作镜子，可以知道时代兴衰的道理；用人作镜子，可以了解自己的得与失。

谈一谈：

翻阅史卷，了解姜氏齐国、田氏齐国的兴衰史，谈一谈自己的感受与收获。

走进齐文化

第26课 左传·鞍之战（节选）

《左传》可以说是中国第一部大规模的叙事性作品。比较以前任何一种著作，它的叙事能力表现出惊人的发展。许多头绪纷杂、变化多端的历史大事件，都能处理得有条不紊，繁而不乱。

经典诵读

癸酉[1]，师陈于鞍[2]。邴夏[3]御齐侯，逢丑父[4]为右。晋解张御郤克，郑丘缓[5]为右。齐侯曰："余姑翦灭[6]此而朝食。"不介马[7]而驰之。郤克伤于矢，流血及屦，未绝鼓音[8]，曰："余病[9]矣！"张侯[10]曰："自始合，而矢贯[11]余手及肘，余折以御，左轮朱殷[12]，岂敢言病。吾子[13]忍之！"缓曰："自始合，苟[14]有险，余必下推车，子岂识之[15]？——然子病矣！"张侯曰："师之耳目[16]，在吾旗鼓，进退从之。此车一人殿之[17]，可以集事，若之何其以病败君之大事也？擐甲执兵[18]，固即死也。病未及死，吾子勉之！"左并辔，右援枹而鼓，马逸不能止，师从之。齐师败绩。逐之，三周华不注。

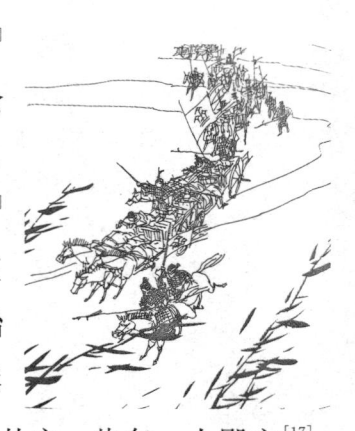

——《左传·鞍之战》

字词注释

[1]癸酉：成公二年的六月十七日。

[2]"鞌"同"鞍"，国地名，在今山东济南西北。

[3]邴夏：齐国大夫。

[4]逢丑父：齐国大夫。

[5]解张、郑丘缓：都是晋臣，"郑丘"是复姓。郤克，晋国大夫。

[6]姑：副词，姑且。翦灭：消灭，灭掉。

[7]不介马：不给马披甲。介：甲。这里用作动词，披甲。

[8]未绝鼓音：鼓声不断。

[9]病：负伤。

[10]张侯，即解张。

[11]贯：穿。

[12]朱：大红色。殷：深红色、黑红色。

[13]吾子：您，尊敬。比说"子"更亲切。

[14]苟：连词，表示假设。

[15]识：知道。之，代词。

[16]师之耳目：军队的耳、目（指注意力）。

[17]殿之：镇守它。殿：镇守。

[18]擐：穿上。执兵，拿起武器。

文选释义

公元前589年6月17日，齐、晋双方军队在鞌摆开阵势。邴夏为齐侯驾车，逢丑父当为戎右。晋国的解张为郤克驾车，郑丘缓当戎右。齐侯说："我姑且消灭了这些人再吃早饭。"不给马披上甲就驱马奔驰。郤克被箭射伤，血流到了鞋上，没有中断擂鼓，说："我受重伤了。"解张说："从一开始交战，箭就射进我的手和肘，我折断射中的箭杆继续驾车，左边的车轮都被我的血染成了黑红色，我哪敢说受伤？您忍着点吧！"郑丘缓说："从一开始接战，如果遇到地势不平，我必定下去推车，您难道知道这些吗？不过您确实伤势很重难以支持了。"解张说："军队的耳朵和眼睛，都集中在我们的鼓声和战旗，前进后退都要听从它。这辆车上只要还有一个人镇守住它，战事就可以成功。怎么能由于伤痛而败坏了国君的大事呢？穿上盔甲，手执兵器，本来就抱定了必死的决心，伤痛还不至于死，您努力指挥战斗吧！"解张将右手所持的辔绳并握于左手，腾出右手接过郤克的鼓槌擂鼓。张侯所驾的马狂奔起来，晋军跟随他们。齐军崩溃。晋军追赶齐军，绕着华不注山追了三遍。

选文赏析

《左传》叙事敢于直书不讳，揭示事情的真实面貌，全书有关战争的文字较多，这些文字翔实生动，善于叙事，讲究谋篇布局，章法严谨，在中国文学史上也占有重要的地位。

知识链接

齐军失败，顷公派大夫国佐求和，献出灭纪所得的甗（yǎn，音演）和玉磬，并愿割地。郤克不受，说："必以萧同叔子为质，而使齐之封内尽东其亩。"国佐回答说："萧同叔子为寡君之母。晋、齐匹敌，也是晋君之母。以国母为质是不孝。晋怎能以不孝号令诸侯？"又说："先王疆理天下，实行因地制宜。怎能'尽东其亩'，惟晋国兵车是利？如果晋再相逼迫，齐国只有背城借一，决死战斗。"当时，鲁、卫二国也劝郤克与齐讲和，郤克听从了。秋七月，晋、齐在爰娄（今山东临淄县西）结盟。晋让齐国人归还侵占鲁国的汶阳之田。

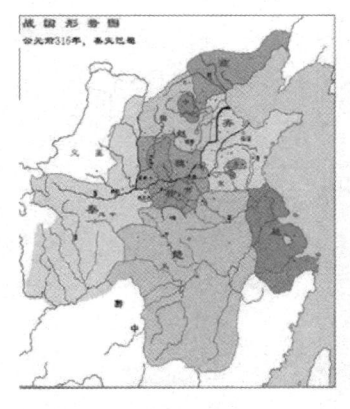

鞍之战地图

中华传统文化

拓展活动

唐刘知几《史通》评论《左传》:"其言简而要,其事详而博。"读一读其中的故事,讲给同学听!

走进齐文化 八

第27课 国语·齐语（节选）

《国语》与《左传》不同，作者的主张并不明显，比较客观。作者比较善于选择历史人物的一些精彩言论，来反映和说明某些社会问题。《齐语》一卷，主要记载管仲辅佐齐桓公称霸采取的内政外交措施及其主导思想。

经典诵读

桓公自莒反[1]于齐，使鲍叔为宰。

辞曰："臣，君之庸臣也。君加惠[2]于臣，使不冻馁，则是君之赐也。若必治国家者，则非臣之所能[3]也。若必治国家者，则其管夷吾乎。臣之所不若夷吾者五：宽惠柔民[4]，弗若也；治国家不失其柄[5]，弗若也；忠信[6]可结于百姓，弗若也；制礼义可法[7]于四方，弗若也；执枹鼓立于军门，使百姓皆加勇焉，弗若也。"

——节选自《国语·齐语》

鲍叔牙

中华传统文化

字词注释

[1] 反：通"返"返回。

[2] 加惠：恩赐。

[3] 能：擅长。

[4] 柔民：安抚百姓。

[5] 柄：根本。

[6] 忠信：忠实诚信。

[7] 制礼义可法：制定的礼仪足以使天下效法。

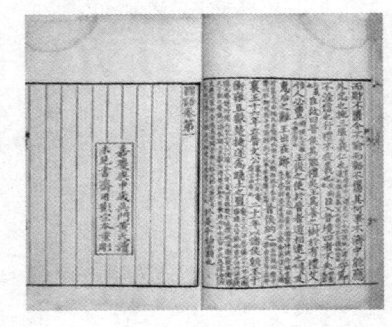

《国语》

文选释义

齐桓公从莒国返回齐国，任命鲍叔为国相。

鲍叔推辞说："我是你的一个庸臣。你照顾我，使我不挨冻受饿，就已经是恩赐了。如果要治理国家的话，那就不是我所擅长的。若论治国之才，大概只有管仲了。我有五个方面不如管仲：以宽厚慈惠来安抚民众，我不及他；治理国家不忘根本，我不及他；为人忠实诚信，能得到百姓的信任，我不及他；制定的礼仪足以使天下效法，我不及他；立在军门之前击鼓指挥，使百姓加倍勇猛，我不及他。"

选文赏析

《国语》以记述西周末年至春秋时期各国贵族言论为主，通过各有风格、各有特色的语言来塑造人物性格，表述不同人物的思想及命运，记载波澜壮阔的历史大事。用语言记史，生动、精练，为历代所称道。

走进齐文化 八

知识链接

公元前686年，齐国发生内乱，襄公被杀。逃亡在外的公子纠和公子小白都设法回国，抢夺国君之位。公子纠的师傅管仲为确保公子纠登位，便在中途谋杀小白，一箭射中小白，但小白并没有死，而是速回齐国，顺利地登上国君之位。他就是历史上有名的齐桓公。他不仅不计较管仲的"一箭之仇"，反而对他予以信任和重用，立为"相国"。管仲深为齐桓公的宽容所打动，尽全力辅助齐桓公整顿军队，发展生产，促进外交，使齐桓公成为春秋第一霸主。

拓展活动

《国语》的作者，自古存在争议，迄今未有定论。阅读下列资料开启你的探寻之旅吧！

> 最早提出《国语》作者为左丘明的是西汉大史学家司马迁。
>
> 晋朝以后，许多学者都怀疑这类说法。
>
> 宋代以来，包括康有为在内的多位学者怀疑《左传》为西汉刘歆的伪作。
>
> 现代，学界仍然争论不休。有人认为，《国语》并非出自一人、一时、一地。它主要来源于春秋时期各国史官的记述，后来经过熟悉历史掌故的人加工润色，大约在战国初年或稍后编纂成。

中华传统文化

第28课 战国策·齐策（节选）

《战国策》是一部记载我国古代民本思想的文字，也强调了任用和表彰贤德之人在治理国家过程中的重要意义。谋臣的策略在古今治国大计中都起到了举足轻重的作用。

经典诵读

齐欲伐[1]魏。

淳于髡谓齐王曰："韩子卢者，天下之疾犬[2]也。东郭逡者，海内之狡兔也。韩子卢逐东郭逡，环山者三，腾山者五，兔极于前，犬废于后，犬兔俱罢[3]，各死其处。田父见而获之，无劳倦之苦，而擅其功。今齐、魏久相持，以顿其兵，弊其众，臣恐强秦、大楚承[4]其后，有田父之功。"

齐王惧，谢将休士[5]也。

——节选自《战国策·齐策》

《战国策》

字词注释

[1]伐：攻打。
[2]疾犬：跑得最快的狗。
[3]罢：筋疲力尽。
[4]承：紧承，这里指抄后路。
[5]休士：休养将士。

刘向

文选释义

齐王想发兵攻打魏国。

淳于髡对他说："韩子卢，是天下跑得最快的狗，东郭逡则是世上数得着的狡兔。韩子卢追逐东郭逡，接连环山追了三圈，翻山跑了五趟，前面的兔子筋疲力尽，后面的狗也筋疲力尽，大家都跑不动了，各自倒在地上活活累死。有个老农夫看到了，不费吹灰之力捡走了它们。与此相同，要是齐、魏两国相持不下，双方士兵百姓都疲惫不堪，臣担忧秦、楚两个强敌会抄我们后路，以博取农夫之利。"齐王听后很是害怕，就下令休养将士，不再出兵。

选文赏析

"犬兔相争、农夫得利"用形象的故事说明了多方斗争中最后一方取胜的真理。多方斗争，一定要善于借力打力，以他人的内耗、相争来消灭与自己为敌者的有生力量。

中华传统文化

知识链接

淳于髡出身卑贱，其貌不扬。《史记·滑稽列传》记载："淳于髡者，齐之赘婿也，长不满七尺。"

"髡"是先秦时期的一种刑法，指剃掉头顶周围的头发，是对人的侮辱性的惩罚。淳于髡以此为名，可见他的社会地位是非常低的。"赘婿"则源自春秋时期齐国的风俗。在家主持祭祀的长女，被称作"巫儿"，巫儿要结婚，只好招婿入门，于是就有了"赘婿"。如果不是经济贫困，无力娶妻，一般人是不会入赘的。淳于髡身为赘婿，更可以确定他是出身于社会底层的了。

尽管淳于髡出身卑微，又身材矮小、其貌不伟，却得到了齐国几代君主的尊宠和器重。淳于髡在齐桓公田午创办稷下学宫时已经是稷下先生。齐威王刚继位时，沉湎酒色，不理朝政，淳于髡率先进谏，使齐威王幡然悔悟，厉行改革，齐国由是大治。他也被齐威王立为"上卿"，多次代表齐王出使诸侯，都顺利地完成了任务。淳于髡由贱而贵，固然和齐国长期奉行"举贤尚功"的统治政策有关，但根本原因还在于他具有超乎常人的智慧和才干。

拓展活动

你知道这些成语故事的来源吗？读一读《战国策》，开一个成语交流会吧！

一尘不染	大庭广众	两败俱伤	南辕北辙
亡羊补牢	鹬蚌相争	渔翁得利	高枕无忧
汗马功劳	狐假虎威	画蛇添足	挥汗成雨
狡兔三窟	门庭若市	惊弓之鸟	

第八单元 齐国风俗

人类文化史的发展表明：一切文化的表现，往往要受到地理环境和自然条件以及由此形成的经济条件的强烈制约和影响。正如班固所云："凡民函五常之性，而其刚柔缓急，音声不同，系水土之风气，故谓之风。"齐国独特的地理条件，是造成其独特的风俗文化的重要原因。

中华传统文化

第29课 敬老孝义

子曰:"夫孝,天之经也,地之义也,民之行也。天地之经,而民是则之。则天之明,因地之利,以顺天下。"对我们来说,"热爱祖国,文明礼貌,勤奋学习是最大的德;尊重父母,谦虚对待长辈是最好的孝"。

经典诵读

丘吾子[1]曰:"吾有三失,晚而自觉,悔之何及。"曰:"三失可得闻乎?愿子告吾,无隐也。"丘吾子曰:"吾少时好学,周遍天下,后还丧吾亲,是一失也;长事齐君,君骄奢失士,臣节不遂,是二失也;吾平生厚交,而今皆离绝,是三失也。夫树欲静而风不停,子欲养而亲不待,往而不来者年也,不可再见者亲也,请从此辞。"遂投水而死。孔子曰:"小子[2]识[3]之,斯足为戒矣。"自是弟子辞归养亲者十有三。

——节选自《孔子家语·致思第八·孔子适齐》

走进齐文化 八

字词注释

[1]丘吾子,（约公元前591年至公元前521年）即丘吾,又称吾丘子。春秋时期齐国人。齐国大臣。孝子。是有文字记载的历史上在人名前冠有"丘"氏的第一人。

[2]小子,用为老师对学生的称呼。

[3]识,读 zhì,通假字,通"志"记住的意思。

文选释义

丘吾子哽咽地说道："我一生有三个过失,可惜到了晚年才觉悟到,但已经是追悔莫及了。"孔子便问："您的三个过失,可以说给我听听吗？希望您能告诉我,不要有所隐讳。"丘吾子悲痛地说："我年轻时喜欢学习,可等我到处寻师访友,周游各国回来后,我的父母却已经死了,这是我第一大过失；我长期侍奉齐国君王,然而君王却骄傲奢侈,丧失民心,使我的理想和节操不能得到实现,这是我第二大过失；我生平很重视友谊,可到头来,过去的朋友却离散的离散,死亡的死亡了,再也见不着了,这是我第三大过失。"接着,丘吾子又仰天长啸："树木想要静下来,而风却刮个不停；儿子想要奉养父母,可父母却不在了。过去了永远不会再回来的,是时间啊；我再也不能见到的,是父母啊！就让我从此离开这个人世吧！"说完,丘吾子便投水自尽了。孔子望着丘吾子投水自尽,很感叹地对弟子们说："你们应当记着这件事,它足以使我们引以借鉴啊！"从此以后,孔子的学生离开孔子而回家奉养父母的达到了十三个之多。

中华传统文化

选文赏析

"树欲静而风不止,子欲养而亲不待。"这是丘吾子说给孔子的话,旨在宣扬儒家的孝道。用于感叹子女希望尽孝时,父母却已经亡故。风不止,是树的无奈;而亲不在,则是孝子的无奈。更是从反面来告诫我们,行孝道要及时,要趁着父母健在的时候。

知识链接

1. 《孔子家语》又名《孔氏家语》,或简称《家语》,是一部记录孔子及孔门弟子思想言行的著作。今传本《孔子家语》共十卷四十四篇,魏王肃注,书后附有王肃序和《后序》。

2. 孝义故事——齐女缇萦救父:汉文帝四年(前176年),有人上书朝廷控告他,根据刑律罪状,要用传车押解到长安去。淳于意有五个女儿,跟在后面哭泣。他发怒而骂道:"生孩子不生男孩,到紧要关头就没有可用的人!"于是最小的女儿缇萦听了父亲的话很感伤,就跟随父亲西行到了长安。她上书朝廷说:"我父亲是朝廷的官吏,齐国人民都称赞他的廉洁公正,现在犯法被判刑。我非常痛心处死的人不能再生,而受刑致残的人也不能再复原,即使想改过自新,也无路可行,最终不能如愿。我情愿自己没入官府做奴婢,来赎父亲的罪,使父亲能有改过自新的机会。"汉文帝看了缇萦的上书,悲悯她的心意赦免了淳于意,并在这一年废除了肉刑。

——出自《史记·扁鹊仓公列传》

走进齐文化 八

拓展活动

读一读，东汉史学家班固用诗歌的形式为汉文帝时期的孝女淳于缇萦树碑立传而写的咏史诗；想一想，你曾经为自己的父母做过什么事情？

三王德弥薄，惟后用肉刑。太苍令有罪，就递长安城。
自恨身无子，困急独茕茕。小女痛父言，死者不可生。
上书诣阙下，思古歌鸡鸣。忧心摧折裂，晨风扬激声。
圣汉孝文帝，恻然感至情。百男何愦愦，不如一缇萦。

【参考文献】《齐文化文献选辑》第一卷，淄博市临淄区齐文化研究社编

中华传统文化

第30课 尊重妇女

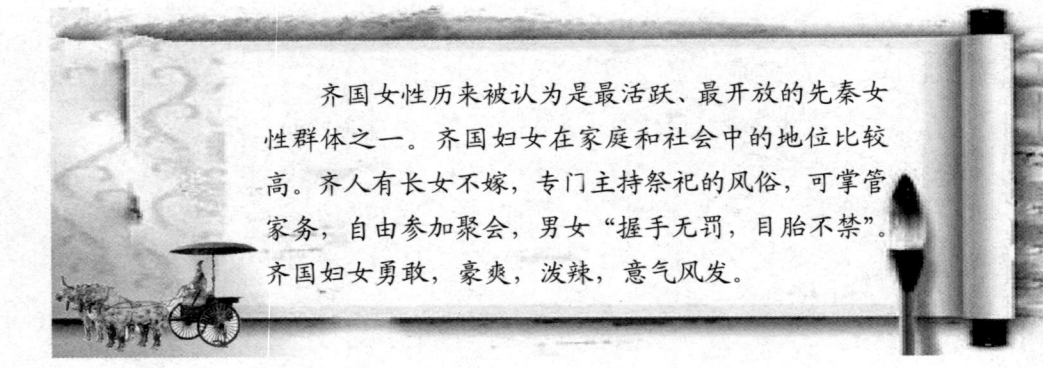

齐国女性历来被认为是最活跃、最开放的先秦女性群体之一。齐国妇女在家庭和社会中的地位比较高。齐人有长女不嫁，专门主持祭祀的风俗，可掌管家务，自由参加聚会，男女"握手无罚，目胎不禁"。齐国妇女勇敢，豪爽，泼辣，意气风发。

经典诵读

晏子为齐相，出，其御[1]之妻从门间而窥。其夫为相御，拥大盖[2]，策驷马[3]，意气扬扬，甚自得也。既而归，其妻请[4]去[5]。夫问其故，妻曰："晏子长不满六尺[6]，身相[7]齐国，名显诸侯。今者妾[8]观其出，志念[9]深矣，常有以自下[10]者。今子长八尺，乃为人仆御，然子之意，自以为足。妾以是求去也。"其后，夫自抑损[11]。晏子怪而问之，御以实对，晏子荐以为大夫。

——《晏子春秋·内篇杂上》

字词注释

[1]御,车夫。

[2]拥大盖,(头顶上)撑着大的车篷。拥,戴,撑。盖,古代车上遮蔽阳光和雨的伞。

[3]策驷马,用鞭子赶着四匹(高大的)马。策,用鞭子赶马,动词。

[4]请,请求。

[5]去,离开,即和丈夫离婚。

[6]长不满六尺,身长较矮(古代尺短)。

[7]相,辅佐国君主持国家大事的最高官吏。后称作相国,宰相。这里是动词,担任宰相。

[8]妾,古代女子表示谦卑的自称。

[9]志念,志向和兴趣。

[10]自下,自卑,自以为不足,与"自高"相对。

[11]抑损,谦逊,抑制(自己的骄态)。

文选释义

晏子做齐国的国相,出门(的时候),他车夫的妻子从门缝偷偷地看。(看到)他的丈夫为晏子驾御车马,抱持着大圆车盖。驾着四匹大马,意气风发,十分得意。过了一阵子,(车夫)回来了,他的妻子请求离去。丈夫问什么原因,妻子说:"晏子身高不到六尺,在齐国做国相,在诸侯之中很有名。刚才我看到他出门,志向和考虑都很深远,常常以为自己不如别人。眼下你身高八尺,才是人家的车夫。然而你的表现,(已经)自认为很满足了。我就因为这个才要求离开的。"这以后,车夫就谦虚退让了。晏子觉得奇怪,问他原因,车夫把实情告诉他,晏子推荐他当了大夫。

选文赏析

晏子的御夫，以能够给晏子赶车而志得意满，他的妻子责备他以虚名骄人，没有出息。他深为自悔，从此改过迁善，成为一个有学问、有修养的人。这个故事说明：一个人能够有长进，妻子的帮助也是很重要的。御夫的妻子是个很有识见的妇女，品德也很高尚，尤其是她的睿智慧敏，给人留下深刻的印象。

知识链接

1. 西汉大儒刘向是中国第一个写妇女传记的作者，他的《列女传》成书约于公元前20年，书共分七卷：卷一《母仪传》，卷二《贤明传》，卷三《仁智传》，卷四《贞顺传》，卷五《节义传》，卷六《辩通传》，卷七《孽嬖传》，除《母仪传》记有14人外，其余各传均记有15人，从上古至汉代共记载了104名妇女的故事。

2. 《贤明传》主要选取贤明廉正、动作有节、通晓事理、有德有才的女性。齐相御妻的故事也被收入《列女传·贤明传》。

拓展活动

1. 谈一谈：下面是百度百科关于谦逊的一段话，结合齐相御妻的故事，谈谈你有哪些收获。

走进齐文化 八

人们称谦逊为一切美德的皇冠,因为它将自觉的纪律、天职、义务以及意志的自由和谐地融会到一起。要善于正确地看待自己的优缺点。无论人家怎样夸奖你,你都要明白,你还远不是个尽善尽美的人。你要懂得,人们赞扬你,多半是要求你这样进行自我教育,即怎样才能做得更好。

2. 说一说:

> 你还知道哪些关于齐国杰出女性的故事呢?讲出来与你的小伙伴分享吧!

中华传统文化

活动探究　走进齐都文化城

齐都文化城坐落于牛山脚下、淄河之畔、太公湖北岸，这里曾是齐桓公、齐威王、管仲、晏婴等无数贤君名相、英烈豪杰演绎雄壮史诗的舞台，燕王剑、国子鼎等大量国家一级文物在此出土。想不想亲身体验一下，让我们一起走进齐都文化城！

课前准备

地址

齐都文化城位于淄博市临淄城区东部，足球博物馆、齐文化博物馆、民间博物馆聚落和文化市场自东向西排列，就像一条龙一样，取"龙入东海"之意。齐文化博物馆、足球博物馆、民间博物馆聚落和文化市场四个部分，建筑面积15.2万平方米。集文物收藏、陈列、保护、研究、教育和参观游览、休闲娱乐、产品开发等多个功能于一体，总体格局为"一城十九馆"。

渊源

自姜太公封齐建国，临淄作为"春秋五霸之首，战国七雄之一"的齐国都城长达八百余年，有"地下博物馆"之美誉。临淄作为齐国故都、齐文化发祥地、世界足球起源地，一座现代化、高档次、多功能的综合性文化城，是对齐国文化最好的继承和发扬。从空中俯视齐都文化城，整个建筑

走进齐文化 八

群呈石磬状静卧在浩荡北去的淄河岸边，对岸牛山北麓田齐王陵巍峨矗立，可谓"临淄（河）而建、开门见山"。三千年前，这里是风云际会的古战场，如今，这里是承载千年齐文化的大舞台。

> 看完上面的资料，你是否对齐都文化城充满了期待呢？还在犹豫什么，快来齐都文化城进行实地考察吧！

实地考察

请大家跟我来参观，齐都文化城共分为四个部分：

1. **齐文化博物院**：位于太公湖北岸，是一座集文物收藏、展陈、保护、研究、教育、休闲功能于一体的综合博物馆，主要展示齐地特色的文物专题陈列并进行齐地非物质文化遗产、风土人情研究保护，同时展示临淄区当前发展成就以及未来经济社会发展的规划前景。

2. **足球博物馆**：一处集参观游览、休闲娱乐、历史文化研发、产品开发等诸多功能于一体的高水准世界性足球公园，浓缩了中国的蹴鞠文化史、体育文化史和世界足球史，是一部立体的足球文化百科全书。其建筑面积1.3万平方米，分室内和室外两大部分，集展陈区、功能区、设备区、休闲娱乐等多功能为一体，是一座全面展示蹴鞠文化和世界足球发展风貌的主题博物馆。

宋太宗蹴鞠图

历代蹴鞠展品 　　　　　　　　　　亚足联证书

　　3. **临淄东孙战国墓博物馆**：基于东孙战国墓建设，东孙战国墓是2013年2月文物部门对齐文化博物院民间博物馆**聚落**占地区域进行文物勘探时，发现的一墓葬及殉车马坑。该墓呈"甲"字形，南北长16.5米，东西宽15.3米，曾多次被盗，殉车马坑保存相对完整，初步断定为战国时期齐国大型贵族墓葬，遂命名为"临淄东孙战国墓"。其所处位置在齐文化博物院内，南与"田齐王陵"隔河相望，北与临淄齐国故城相距较近。为展示东周时期齐国贵族葬制和民俗，决定

临淄东孙战国墓博物馆

对墓葬进行抢救性发掘清理，并建设遗址博物馆实施原址保护和展示，作为齐文化博物院重要展示内容之一。

临淄东孙战国墓博物馆殉坑　　　　　临淄东孙战国墓博物馆展厅

　　4. **民间艺术馆聚落和文化市场**：由九组相对独立的建筑组成，分为十六个民间艺术馆和一个古玩城，是目前中国规模最大的公益民间艺术馆群。

走进齐文化　八

课外拓展

走出校园，走进齐都文化城，实地参观一下，你和你的小伙伴最喜欢哪座展馆呢？在你参观后，请完成一份关于齐都文化城的调查报告。

附1　周代齐国年表

（一）姜齐年表（公元前11世纪至公元前379年）

君　主	时间（公元前）	说　明
姜太公	1045—1015	在营丘建立齐国
丁公伋	1014—1010	太公长子
乙公得	1010—？	丁公弟
癸公慈母	？—？	乙公子
哀公不辰	？—867	癸公子
胡公静	866—859	哀公弟　迁都薄姑
献公山	859—851	胡公弟　复都营丘改名临淄
武公寿	850—825	献公子
厉公无忌	824—826	武公子
文公赤	815—804	厉公子
成公脱	803—795	文公子
庄公购	794—731	成公子，春秋小霸
僖公禄文	730—698	庄公子，春秋小霸
襄公诸儿	697—686	僖公子
公孙无知	686—685	襄公叔父子
桓公小白	685—643	襄公弟，春秋五霸第一
无诡	643.12—642.2	桓公子

续表

君　主	时间（公元前）	说　明
孝公昭	642—633	桓公子
昭公潘	632—613	桓公子
公子舍	613.5—613.10	昭公子
懿公商人	612—609	桓公子
惠公元	608—599	桓公子
顷公无野	598+582	惠公子
灵公环	581—554	顷公子
庄公光	553—548	灵公子
景公杵臼	547—490	庄公弟
晏孺子	489春—489.10	景公子
悼公阳生	488—485	景公子
简公壬	484—481	悼公子
平公骜	480—456	简公弟
宣公积	455—405	平公子
康公贷	404—379	宣公子。康公死，姜齐被田齐取代

（二）田齐年表（公元前386年至前公元221年）

君　主	时间（公元前）	说　明
太公和	386—384	田和为齐侯
齐侯剡	383—375	太公田和子
醒公午	374—357	

续表

中华传统文化

君　主	时间（公元前）	说　明
威王因齐	356—320	桓公子　战国称雄
宣子辟疆	319—301	威王子
闵王地	300—284	宣王子
襄王法章	283—265	闵王子
齐王建	264—221	襄王子　被秦灭

附2　周代齐国历史大事记

时间（公元前）	说　明
公元前 1045 年	姜太公封于营丘（即今淄博市临淄区），建立齐国
公元前 866 年	齐胡公姜静把都城从营丘迁到了薄姑（今滨州市博兴县湖滨镇寨下村北）
公元前 859 年	齐献公姜山复都营丘，将营丘改名为临淄
公元前 690 年	齐襄公姜诸儿灭掉纪国（都城在今寿光市纪台镇纪台村）
公元前 685 年	齐桓公姜小白即位
公元前 679 年	鄄地（今山东鄄城）会盟，齐桓公成为公认的霸主
公元前 672 年	陈完逃奔到了齐国。齐桓公任命他为工正，负责管理齐国的手工业
公元前 667 年	幽地会盟，周惠王的代表召伯廖以天子的名义，向齐桓公授予"侯伯"的头衔
公元前 664 年	齐桓公伐戎救燕
公元前 661 年 公元前 659 年	齐桓公两次伐狄救邢
公元前 660 年	齐桓公伐狄救卫
公元前 659 年	齐桓公伐楚，与楚订"召陵之盟"
公元前 651 年	葵丘（今河南省民权县或山东省鄄城县）会盟，标志着桓公的霸业达到顶峰
公元前 645 年	管仲病逝
公元前 643 年	齐桓公被饿死
公元前 589 年	晋、鲁、曹、卫伐齐，双方在鞌（今济南附近）展开激战

续表

时间（公元前）	说　明
公元前 567 年	齐灵公灭莱
公元前 523 年	齐景公伐莒，攻破纪鄣（今江苏省赣榆县东北）
公元前 517 年	鲁国内乱，鲁昭公投奔齐国。孔子来齐闻韶
公元前 481 年	田常兄弟逐杀监止、齐简公姜壬，立齐平公姜骜
公元前 386 年	田和正式成为齐侯，列名于周朝王室
公元前 379 年	齐康公姜贷死，姜氏齐国的历史结束
公元前 353 年	齐、魏桂陵之战，齐国大胜
公元前 341 年	齐、魏马陵之战，齐国大胜
公元前 334 年	徐州相王，齐威王称王称雄，齐国"最强于诸侯"
公元前 314 年	齐宣王命令匡章率军占领燕国
公元前 301 年	齐宣王命令匡章与魏将公孙喜、韩将暴鸢率领三国联军进攻楚国，在垂沙（今河南唐河境）杀得楚军大败
公元前 288 年	秦昭王与齐湣王共同称帝，秦昭王为西帝，而齐湣王为东帝
公元前 286 年	齐湣王灭宋
公元前 284 年	燕昭王任命乐毅为上将军，率领燕、赵、韩、魏、秦五国合纵攻齐。燕军攻破临淄，攻下齐国七十余城，仅剩下了即墨（今山东即墨北）和莒邑（今山东莒县）
公元前 279 年	田单在即墨火牛阵破燕，收复齐国被占领土，迎接齐襄王回临淄主政
公元前 221 年	秦王命令王贲率军击齐，齐王建投降，齐国灭亡

编后语：

为落实教育部《完善中华优秀传统文化教育指导纲要》精神，由宋爱国同志倡导和发起，张成刚同志积极推进，组成了《中华传统文化——走进齐文化》编委会，编写了本书，旨在使广大中小学生通过对齐文化的学习和了解，感悟齐文化的丰富多彩和博大精深，激发热爱齐文化的情感，提高对齐文化的认同度，从而探究齐文化，发掘齐文化，弘扬和光大齐文化，共建中华民族文化的精神家园。

徐广福拟定《〈中华传统文化——走进齐文化〉编写大纲》，确立了编写的指导思想、编写的原则、编写的思路、编写的体例、编写的内容和编写的目录；李德刚、吴同德、于建磊负责分册编写的组织、统稿、审稿和修订工作；王鹏、朱奉强、许跃刚、李新彦多次组织相关会议，推动了本书的编写工作；各分册的编写人员尽心竭力，按时完成了编写任务。

本书在项目论证、具体编写、审稿修订的过程中，得到了社会各界的帮助。齐文化专家宣兆琦教授对本书的编写纲要提出了很好的意见和建议；临淄区齐文化研究中心、齐文化研究社鼎力相助，宋玉顺、王金智、姜建、姚素娟、王景甫、王本昌、王方诗、邵杰、胡学国、王毅等专家给予了热情指导和真诚帮助，在此表示衷心感谢！

中华传统文化

我们还要感谢试用本书的广大师生和读者。限于时间和水平，本书难免会存在一些问题，希望在试用过程中，及时把意见和建议反馈给我们，以便我们进一步改进和优化，提高本书的内涵品质。

《中华传统文化——走进齐文化》编委会
2023 年 2 月